교육자치와 미래교육

교육자치와 미래교육

발행일	2022년 4월 11일		
지은이	우문영		
펴낸이	손형국		
펴낸곳	(주)북랩		
편집인	선일영	편집	정두철, 배진용, 김현아, 바준, 장하영
디자인	이현수, 김민하, 허지혜, 안유경, 신혜림	제작	박기성, 황동현, 구성우, 권태련
마케팅	김회란, 박진관		
출판등록	2004. 12. 1(제2012-000051호)		
주소	서울특별시 금천구 가산디지털 1로 168, 우림라이온스밸리 B동 B113~114호, C동 B101호		
홈페이지	www.book.co.kr		
전화번호	(02)2026-5777	팩스	(02)2026-5747

ISBN   979-11-6836-259-8 03370 (종이책)   979-11-6836-260-4 05370 (전자책)

(주)북랩 성공출판의 파트너

북랩 홈페이지와 패밀리 사이트에서 다양한 출판 솔루션을 만나 보세요!

홈페이지 book.co.kr   •   **블로그** blog.naver.com/essaybook   •   **출판문의** book@book.co.kr

교육의 기득권 해체와 탈중심을 위한 상상

교육자치와
미래교육

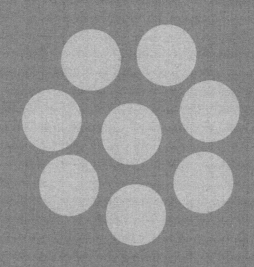

북랩

여는 글

나는 얼마나 많은 기득권을 가지고 있나?

『82년생 김지영』이라는 소설을 읽고 참 많은 사람과 이야기를 나누었다. 남성보다는 여성과 더 많은 대화를 나누었는데 사람들은 대부분 이소설의 성격을 페미니즘으로 단정하였다. 작가의 주제 의식이 혹 그럴 수도 있겠다 싶었다. 그렇지만 나는 다르게 생각하였다. 이 소설은 기득권자와 비기득권자의 갈등을 소재로 한 것이다. 사회적 약자로 대변되는 비기득권자 중에서 여성이 포함되는 것에는 동의한다. 남성 중심의 사회, 많은 남자가 기득권을 가진 사회에서 여성에 대한 편견을 온몸으로 받아내야 하는 주인공은 약자이다. 동시에 중산층에 속하는 가정형편과 안정적 직업을 가질 수 있었고, 무난한 남편과의 결혼과 출산을 할 수 있는 주인공은 기득권자이다. 대학도 못 나온 82년생 김철수는 비정규직에 결혼도 못 했다. 이에 비해 기득권자라는 것이다.

한 마디로 이 책에서 이야기하고 싶은 것은 하나다. 세상을 바꾸기 위해서는 연구가 필요하다. 연구는 곧 상상력이다. 상상력을 가로막고 있는 것은 중심적 사고와 기득권적 인식이다. 대상을 이루고 있는 어떤 본질도 하나는 아니다. 어느새 우리는 중심 권력을 가지고 있는 사람들에게 세뇌되었거나 아주 손쉬운 방법으로의 중심을 택하고 있다. 중심은 늘 주변을 낳는다. 그 속에서 기득권과 비기득권을 가른다. 기득권 자체가 잘못은 아니다. 선천적으로 얻어진 기득권, 후천적으로 갖게 된 기득권 모두 자연스럽다. 문제는 기득권을 인정하고, 어떻게 비기득권자와 함께 더불어 살아갈 것인지에 대한 인식 부족이다. 심지어 기득권 획득 과정에서 자신의 욕망을 채우기 위해 비기득권자를 착취하기까지 한다. 이러한 일이 교육계에서는 일어나지 않는다고 할 수 있을까? 학생의 입장에서는 교사를 포함한 어른이, 교사들 가운데서는 직급, 나이, 학력, 성 등에서, 정규직과 비정규직 사이에서 기득권자의 욕망은 지속적으로 중심을 만든다.

이 책은 최근 몇 년 동안 썼던, 투고했던 글을 모아서 손본 것이다. 처음에 실으려고 했던 글 중에서 시효성이 떨어지는 것은 과감히 뺐다. 그럼에도 너무 빠른 사회의 변화 속도 앞에서 뒤처진 느낌을 가진 글도 없지 않다. 하지만 주제 의식은 여전히 함께 고민해 보고 싶었다.

국가, 교육감, 학교장, 그리고 교사 중심으로 진행되어 가는 교육자치를 해체해 보고 싶었다. 교육자치의 재개념화를 통해 교육자치의 필요성, 원리와 성격을 다시 설정해 보았다. 여러 학회지에 투고해 보았지만 받아들여지지 않았다. 민선 3기 교육감들의 공약 분석은 전국교육정책연구소네트워크에서 발표했던 내용을 가필하였다.

현실은 뒤로한 채 미래에만 방점을 찍는 방식을 해체해 보고 싶었다. 또한 미래를 기득권이 가지고 있는 혹은 원하는 방향으로만 바라보는 접근에서 벗어나 우리가 원하는 미래, 그 속에서 함께 준비할 수 있는 미래교육과 정책을 상상해 보았다. 이 글은 『충남 미래교육 정책 방향 설정을 위한 연구』에서 발췌하였다.

나는 50대의 남자로서 안정적 직업과 행복한 가정을 가지고 있는 기득권자이다. 이것 말고도 많은 기득권을 가지고 있으며, 이것을 사용하며 살아가고 있다. 그 과정에서 다른 이들에게 얼마나 많은 상처를 주었는가 성찰해 보는 시간을 갖기 위해 이 글을 썼다.

나보다 더 많이 내 글을 읽으며 오탈자 수정은 물론 글 내용에 많은 영향을 준 아내와 아이들도 읽기 쉽게 써 달라는 요구를 해 준 두 독자(두 딸)에게 진심으로 감사드린다.

2022. 3.
천안에서 우윤영

목차

IV. 민선 3기 교육감 공약 분석

V. 미래교육에 대한 접근 방법

I. 교육자치의 개념

연구는 상상이다.

1991년 「지방교육자치에 관한 법률」이 통과된 이후 30년 가까이 흘렀다. 교육감 선출 제도도 간선제, 학운위원 직선제를 거쳐 2018년에는 주민 직선 3기에 이르렀다. 촛불혁명으로 탄생한 문재인 정부에서는 국정과제 74를 통해 지방자치를, 국정과제 76을 통해 교육자치와 학교민주주의를 실현하겠다고 제시하였다. 교육자치에 대한 필요성에는 공감하지만, 현실태에서 체감하는 온도 차이는 심하다.[1]

교육자치에 대한 다양한 의견이 존재한다. 교수나 학자 등의 이론전문가와 교사와 학생 등 현장전문가의 생각이 다르다. 이론전문가 역시 전공 영역마다 다르며, 현장전문가는 이해당사자마다 다르다. 교육이론전문가들인 교육학자, 교육행정학자, 교육법학자 등도 세부 전공 영역별로 각기 다른 이론을 전개하고 있으며, 교육현장전문가도 자신들이 속한 기관이나 단체, 위치에 따라 첨예하게 대립하고 있다. 그것은 교육자치에 대한 목적과 상이 다름에서 기인한다. 교육자치에 대한 목적과 상의 상이는 이해와 요구에 따라 달라진다. 이에 따라 교육자치에 대한 인식과 실천은 매우 다양한 논쟁을 노정하기도 한다.

---

1) 유경훈(2020:146-151).

교육자치에 대한 다양한 개념의 공존은 교육자치에 관한 관심을 불러일으키고, 다양한 접근을 통해 내용을 풍성하게 했지만, 교육정책 방향에 대한 혼선, 불필요한 논쟁과 갈등으로 사회적 비용만 낭비하는 결과를 종종 초래하기도 한다. 여러 단위에서 제기되고 있는 교육자치의 개념을 정리하여 합의할 수 있는 단초를 제공하고 이를 바탕으로 더 생산적인 논의를 시작할 필요가 있다.

1. 개념 분석의 틀

　교육자치에 대한 다양한 분석의 틀을 제시하려고 한다. 우선은 사전에 제시된 의미를 분석하고자 한다. 고전적 방식이긴 하나 일반인이 가장 먼저 찾는 것이 사전인 점을 감안하면 의의가 있다. 다음으로는 법적 의미를 살펴보고자 한다. 법적 의미에서는 교육자치의 법률적 근거를 찾아보고, 법률의 목적에 나타난 교육자치를 분석하고자 한다.

가. 사전적 의미

\<표1\> 사전에 나타난 교육자치 관련 용어 비교

주제어	정의	출처
자치 (自治)	「2」자기 일을 스스로 다스림. 　　자치 정신. 학생 자치 기구. 「3」『행정』지방 자치 단체가 국가로부터 위임받은 행정 　　업무를 수행하는 일.	『표준국어대사전』
지방자치 (地方自治)	지방의 행정을 지방 주민이 선출한 기관을 통하여 처리 하는 제도. 녹자치제, 자치 제도, 지방 자치제, 지방 자치 제도.	『표준국어대사전』
	지방주민이나 자치단체가 정부에 대하여 자신의 문제 를 자주적으로 처리하는 정치제도.	『한국민족문화 대백과사전』
	지방행정사무를 지방주민 자신의 책임으로 자기의 기 관으로 하여금 처리케 하는 것을 말한다.	『법률용어사전』
교육자치 (敎育自治)	자율적인 교육 활동을 전개하여 교육 성과를 거둘 수 있도록 교육 행정을 펴는 제도. 교육 행정의 지방 분권 을 통하여 각 지방의 실정에 맞는 교육 정책을 실시하려 는 것이다.	『표준국어대사전』
교육 자치제 (敎育 自治制)	일정한 지역과 지역 내 주민을 기초로 하는 자치단체가 교육·학예에 관한 사무를 자기의 권한과 책임 아래 두 고, 주민이 부담한 재원으로 주민이 선정한 기관에 의해 주민의 의사에 따라 사무를 집행하고 실현하는 것을 말 한다. 따라서 교육자치제란 교육을 국민의 이해와 욕구 에 맞게 실행하기 위한 민주적 교육제도를 의미한다.	『다음백과사전』

『표준국어대사전』에 따르면 자치는 자기 일을 스스로 다스리는 것이다. 여기서 자기가 누구인지, 일이 무엇인지가 주요 관심사다. 의미3에서 주체는 지방자치단체이고, 무엇은 국가로부터 위임받은 업무이다. 또한 지방자치는 주체가 지방 주민이고 무엇은 지방의 행정이다. 『한민족문화대백과사전』에서는 지방 주민이나 지방자치단체가 주체가 되고 자신의 문제가 무엇에 해당한다. 『법률용어사전』에서는 지방 주민이 주체이고 지방 행정사무가 무엇에 해당한다. 결국 지방자치는 지방 주민이 직접 자신의 문제를 해결하거나 자신들이 선출한 기관 즉 지방자치단체가 행정 업무를 처리하는 것을 말한다.

『표준국어대사전』에서 교육자치(제)는 주체가 설정되어 있지 않다. 무엇에 해당하는 것은 교육적 성과를 거둘 수 있도록 교육행정을 하는 것이다. 여기에 도구적 성격을 지닌 자율적 교육활동과 각 지방의 설정에 맞는 교육정책 실시가 목적으로 제시되어 있다. 『다음백과사전』에서 주체는 일정한 지역과 지역 내 주민을 기초로 한 자치단체이며, 무엇은 교육·학예에 관한 사무를 주민의 의사에 따라 집행하는 것을 말한다.

정리하면 자치는 이념 접근과 실행 접근으로 나누어 볼 수 있다. 이념적 접근은 자주와 민주를 토대로 하고 있다. '스스로'가 지니는 의미는 어떤 사안에 관해 판단하고 실행하는 주체가 곧 개인이라는 것이며, 자기 자신을 대하듯 온전하게 남을 대하는 방식인 민주에 근거한 철학적 개념이 자치인 것이다. 이를 현실에서 구현하려면 인사·조직·재정이 요구된다.

나. 법적 의미

(1) 법령 또는 법적 근거에 나타난 의미

<표2> 교육자치의 법률적 근거

법령	조문
「헌법」 제31조 제4항	교육의 자주성, 전문성, 정치적 중립성 및 대학의 자율성은 법률이 정하는 바에 의하여 보장된다.
「헌법」 제117조 제1항	지방자치단체는 주민의 복리에 관한 사무를 처리하고 재산을 관리하며, 법령의 범위 안에서 자치에 관한 규정을 제정할 수 있다.
「교육기본법」 제5조 제1항	국가와 지방자치단체는 교육의 자주성과 전문성을 보장하여야 하며, 지역 실정에 맞는 교육을 실시하기 위한 시책을 수립 실시하여야 한다.
「교육기본법」 제6조 제1항	교육은 교육 본래의 목적에 따라 그 기능을 다하도록 운영되어야 하며 정치적·파당적 또는 개인적 편견을 전파하기 위한 방편으로 이용되어서는 아니 된다.
「지방교육자치에 관한 법률」제1조	교육의 자주성 및 전문성과 지방교육의 특수성을 살리기 위하여 지방자치단체의 교육·과학·기술·체육 그 밖의 학예에 관한 사무를 관장하는 기관의 설치와 그 조직 및 운영 등에 관한 사항을 규정함으로써 지방교육의 발전에 이바지함을 목적으로 한다.
「지방자치법」 제112조 제1항	지방자치단체의 교육·과학 및 체육에 관한 사무를 분장하기 위하여 별도의 기관을 둔다.
헌법재판소 판결문 (2002.3.28.) 200헌마 283·778 병합	지방교육자치는 교육자치라는 영역적 자치와 지방자치라는 지역적 자치가 결합된 형태로서 교육자치를 지방교육의 특수성을 살리기 위해 지방자치단체의 수준에서 행하는 것을 말한다고 할 것이다. 지방교육자치의 기본원리로는 주민참여의 원리, 지방분권의 원리, 일반행정으로부터의 독립, 전문적 관리의 원칙 등을 드는 것이 보통이다.
헌법재판소 판결문 (2000.3.30.) 99헌바113	지방교육자치도 지방자치권한행사의 일환으로서 보장되는 것이므로 중앙권력에 대한 지방적 자치로서의 속성을 지니고 있지만 동시에 그것은 헌법 제31조 제4항이 보장하고 있는 교육의 자주성 전문성 정치적 중립성을 구현하기 위한 것이므로 정치권력에 대한 문화적 자치로서의 속성도 아울러 지니고 있다. 이러한 이중의 자치 요청으로 말미암아 지방교육자치의 민주성·정당성 요청은 어느 정도 제한이 불가피하게 된다. 지방교육자치는 민주주의 지방자치 교육자주라고 하는 세 가지의 헌법적 가치를 골고루 만족시킬 수 있어야만 하는 것이다.

「헌법」 제31조제4항, 「헌법」 제117조제1항, 「교육기본법」 제5조제1항, 제6조제1항, 「지방교육자치법」 제1조, 「지방자치법」 제112조제1항은 교육의 자주성, 전문성, 정치 중립성, 지역 특성을 위해 교육자치를 실시해야 한다는 목적 개념에 기반을 두고 있다. 헌법재판소의 판결문(200헌마)은 지방교육자치를 영역 가치와 지역 가치의 결합으로 보며 교육자치가 지방교육의 특수성을 위해 지방자치단체에서 행해야 한다고 보고 있다. 다른 판결문(99헌바)에서는 지방교육자치가 민주주의, 지방자치, 교육자주라는 헌법적 가치를 지향해야 함을 설명하고 있다.

교육자치 폐지론자들은 교육의 자주성, 전문성 및 정치적 중립성 보장과 교육행정의 분리와 독립은 관계가 없고, 교육행정의 분리·독립이 교육의 자주성 보장에 장애가 된다고 주장한다. 특히, 이기우는 "교육의 자주성은 교육의 내용, 방법을 교육자가 스스로 정할 수 있고 행정권력에 의한 간섭의 배제를 의미하는 것이고, 교육의 전문성은 교육에 대해 전문적인 지식과 능력을 갖춘 자가 교육을 담당해야 한다는 것이고, 교육의 정치적 중립성은 교육행정의 정치로부터 단절을 의미하는 것이 아닌, 정치적인 목적으로 이용되어서는 안 된다"라는 것을 의미한다며 조목조목 반박한다.[2]

---

2) 이기우(2011: 67-81).

(2) 법의 목적과 정의에 나타난 의미

<표 3> 법률에 나타난 교육자치의 목적

구분	목적
「헌법」	제2장 국민의 권리와 의무
「지방자치법」	제1조(목적) 이 법은 지방자치단체의 종류와 조직 및 운영에 관한 사항을 정하고, 국가와 지방자치단체 사이의 기본적인 관계를 정함으로써 지방자치행정을 민주적이고 능률적으로 수행하고, 지방을 균형 있게 발전시키며, 대한민국을 민주적으로 발전시키려는 것을 목적으로 한다.
「지방자치분권 및 지방행정체제개편에 관한 특별법」 (지방분권법)	제1조(목적) 이 법은 지방자치분권과 지방행정체제 개편을 종합적·체계적·계획적으로 추진하기 위하여 기본원칙·추진과제·추진체제 등을 규정함으로써 성숙한 지방자치를 구현하고 지방의 발전과 국가의 경쟁력 향상을 도모하며 궁극적으로는 국민의 삶의 질을 제고하는 것을 목적으로 한다. 제2조(정의) 이 법에서 사용하는 용어의 뜻은 다음과 같다. 1. "지방자치분권"(이하"자치분권"이라 한다)이란 국가 및 지방자치단체의 권한과 책임을 합리적으로 배분함으로써 국가 및 지방자치단체의 기능이 서로 조화를 이루도록 하고, 지방자치단체의 정책결정 및 집행과정에 주민의 직접적 참여를 확대하는 것을 말한다.
「지방교육자치에 관한 법률」 (교육자치법)	제1조(목적) 이 법은 교육의 자주성 및 전문성과 지방교육의 특수성을 살리기 위하여 지방자치단체의 교육·과학·기술·체육 그 밖의 학예에 관한 사무를 관장하는 기관의 설치와 그 조직 및 운영 등에 관한 사항을 규정함으로써 지방교육의 발전에 이바지함을 목적으로 한다.

「헌법」 제10조와 제12조에서는 교육에 관한 제31조 이전에 개인의 신체 및 사상의 자유를 보장하는 문제를 다루고 있다. 「지방자치법」에서는 민주적 방법을 통해 민주 교육과 민주 국가 발전을 지향하고 있다. 「지방분권법」에서는 국가와 지방자치단체의 권한과 책임을 배분하여 국민의 삶을

제고하는 데 목적을 두고 있다. 「교육자치법」에서는 교육청의 사무를 규정하고 지방교육의 발전이 목적임을 밝히고 있다.

다. 교육행정적 의미

박세훈(2018:41)은 지방교육자치는 지방자치와 교육자치를 합한 것으로 정의 내리고 있다. 지방자치는 지방의 공공사무를 외부의 간섭이나 영향 없이 자율적으로 결정하고 책임을 진다. 지방자치는 단체자치와 주민자치를 합한 개념이라는 것이다. 단체자치는 중앙정부로부터 통치권을 부여받아 독립된 지위와 권한을 인정받은 자치단체 구성이고, 주민자치는 자치의 본질로서 자치단체의 구성과 운영을 주민의 참여로 자율적으로 결정하는 것을 말한다.

송병주(1992:16)는 교육자치를 지방자치의 논리에 근거하여 보자면 중앙정부의 최소한 통제하에서 일정 지역을 기초로 하는 자치단체의 사무 중 교육·학예에 관한 사무를 자기 사무로 하여 자기의 권능과 책임하에 주민이 부담한 조세를 주종으로 한 자주적 재원을 가지고 주민이 선정한 자신의 기관(교육위원회, 교육행정기관 등)에 의하여 주민의 의사에 따라서 사무를 집행하고 실현하는 것이라고 할 수 있는데, 이렇게 보면 지방자치의 단체자치적 요소나 주민자치적 의미가 강조될 수 있는 것이라고 하였다.

김용일(2000:87)은 지방교육자치는 지방자치와 교육자치라는 두 가지 목

표가 긴밀히 결합되어 있는 제도라고 주장한다. 그러나 우리나라 지방교육
자치제도의 역사에서 이 두 가지 목표는 조화를 이루기보다는 대립·갈등
양상을 보여 왔다. 교육자치를 우선할 것이냐 아니면 지방자치를 강화할
것이냐 하는 논란이 바로 그것이라는 것이다.

이승종(2004:14)은 이를 교육행정기관의 자치로 보는 관점, 교육주체의 자
치로 보는 관점, 지방자치의 일환으로 보는 관점으로 정리하였다.

<표 4> 지방교육자치에 대한 세 가지 관점의 비교

구 분	교육행정기관과의 자치	교육주체의 자치	지방교육자치
강조 측면	일반행정기관과 교육행정기관 간 관계	교육행정기구와 교육주체 간 관계	중앙-지방관계, 교육행정기 관과 교육주체와의 관계, 정부-기득권층과의 관계
지향 방향	교육영역의 독자성 (교육자치)	교육주체의 자율성	교육의 자율성, 지방자치의 발전
일반-교육관계	분리 독립	통합	통합
교육의 특수성	매우 강조	강조	강조
분권의 성격	기능 분권	기능 분권	지역 분권, 기능분권
주요 참여자	교육자	교육주체	교육주체 및 주민
처방	일반-교육행정의 분리·독립	교육현장의 자율성 보장	교육의 지방분권, 교육현장의 자율성, 정부의 중립성

교육자치를 교육행정의 관점에서 보면 세 가지로 정리할 수 있다.[3] 첫째, 국가행정과 지방행정 간의 분리다. 중앙정부에서 지방정부가 행정적으로 독립함을 의미한다. 둘째, 일반행정과 교육행정의 분리다. 지방정부로부터 지방교육정부가 행정적으로 독립함을 의미한다. 셋째, 교육행정과 교육주체의 분리다. 수직적 구조를 지닌 교육부-교육청-교육지원청-학교의 체계에서 수평적 구조로의 전환을 의미한다.

라. 교육적 의미

교육적 의미에서 교육자치를 바라보면 3C로 접근할 수 있다. 3C는 교육과정(Curriculum), 소통(Community), 문화(Culture)를 말한다.

교육과정의 자치는 국가 수준의 교육과정의 대강화와 지역 수준의 교육과정의 특색화, 학교 교육과정의 자율화를 지향하는 하향식과 학교 교육과정을 중심에 놓고, 지역 수준·국가 수준 교육과정을 참고로 하는 상향식을 의미한다. 이 두 가지는 모두 학교 교육과정을 학교 구성원 스스로가 편성하고 운영하고 평가하는 것을 지향한다.

---

3) 홍섭근(2018:6)은 교육자치의 개념에 대하여 다양한 시각이 있지만, 공통적인 특징은 중앙정부와 독립되어 자율적으로 운영된다는 것이다. 일반적으로 자치를 말할 때 일정한 지역(시·도), 주체의 자주적 권한과 책임, 예산의 독립성, 구성원 전체의 참여 확보, 독자적인 정책수행, 독립된 인사권한 등의 내용으로 규정된다. 즉, 교육자치는 중앙정부의 교육영역과는 분리되어 지방 분권을 통하여 지방의 실정에 맞는 교육행정을 수행하는 것을 뜻한다.

소통은 교육부와 교육청, 교육청과 학교, 학교와 구성원, 지역사회 사이의 공유와 나눔을 의미한다. 개인과 개인, 개인과 기관, 기관과 기관의 연대를 통해 교육적 문제를 해결하고자 한다. 이는 개인과 기관의 자치에 근거한 교육 거버넌스 구축을 함의하고 있다.

문화는 민주적인 제도와 풍토 속에 교육부, 교육청, 학교의 자치적 기구와 생활양식을 의미한다고 할 수 있다. 정치와 경제 분야만이 아니라, 교과서 속에서만 존재하는 것이 아니라 교육과 그 현장에서 생활 속 민주주의를 실현하는 것이다.

교육자치에 있어 교육과정, 소통, 문화는 교육의 민주화에 관한 부분으로 귀결될 수 있다. 교육의 자주성이 법적인 측면에서, 교육의 독립성이 교육행정 측면에서 접근한 것이라면 교육의 민주성은 교육 측면에서 접근한 것으로 교육자치는 교육 민주주의 완성을 위한 하나의 방법을 뜻한다.

2. 교육자치의 개념

가. 개념화의 조건

교육자치의 개념화에 앞서 개념화의 선행 조건을 제시하고자 한다. 이 소제목에서 논의된 교육자치의 사전적·법적·교육행정적·교육적 접근을 통해 얻은 시사점을 개념화의 조건으로 제시하면 '누가(주체)', '무엇을(대상·목적)', '어찌하는 것(의사결정·실천)'으로 정리할 수 있다. 이 세 가지는 사실상 연동되어 있다.

우선 '자치의 주체는 누가 되는가?' 즉 '자신의 무엇을 결정하는 주체는 누가 되어야 하는가?'로 치환할 수 있다. 교육 분야로 본다면 크게 기관과 개인으로 나누어 볼 수 있다. 기관은 교육부로부터 자주성을 획득하는 시·도교육청, 그리고 교육청으로부터 독립성을 확보해야 하는 학교, 학교와 거버넌스를 구축하고 있는 지역사회가 될 수 있다. 개인은 기관으로서가 아닌 교육감과 학교장, 교사, 학생, 직원, 학부모 등 구성원이다. 개인 자체를 학습자로 본다면 학교에 소속되어 있는 학생과 교사와 학교 밖 청소년, 평생학습자 등이 교육자치의 주체가 된다. 자치의 주체는 어느 공간에서 무엇을 결정하느냐에 따라 달라진다. 교육 전반의 문제인가, 학교의 문제인가, 학습의 문제인가, 삶의 문제인가에 따라서 결정된다.

다음은 '무엇을 해야 하는가?'이다. 이는 대상과 목적 두 가지를 포함한다. 첫째, 대상의 주된 관심이 무엇이냐? 는 것이다. 지방(광역) 단위의 교육행정을 주된 관심사로 갖는 교육감의 입장에서는 교육부로부터 유·초·중등교육 분야에 관한 사무와 권한 이양에 방점을 찍을 가능성이 크고 중앙정부와 지방자치단체와의 갈등을 야기할 것이다. 학교 단위 교육과정과 교육활동을 주된 관심사로 갖는 학교 구성원의 입장에서는 교육감과의 갈등을 가질 것이며, 교육감으로부터 독립되기를 원할 것이다. 학습 경험에 주된 관심을 두는 학습자, 특히 학생의 입장에서는 교육부, 교육청, 학교는 물론이지만, 교원과 학부모로부터 학습과 진로에 대한 자치를 획득하는 것이다. 둘째, 이들 주체 교육자치의 목적에는 공통성이 있다. 주민 삶의 질 향상이다. 이를 위해서는 단계적인 목표 성취과정이 필요하다. 먼저 교육의 지방 분권을 추진하여 교육의 자주성, 민주성, 전문성, 특수성을 보장받는다. 이를 바탕으로 지방교육자치와 학교자치를 구현하여 학교민주주의를 실현한다. 학생의 교육 받을 권리를 실질적으로 보장하고 확대하는 기회를 만들며, 나아가 학습자의 학습에 대한 결정권을 확보하게 한다. 종국적으로 민주시민교육을 통해 주민 삶의 질을 향상하게 한다. 이를 단계적으로 보면 [그림 1]과 같다.

교육의 지방분권 추진
→ 교육의 자주성 및 전문성 보장
→ 지방교육자치와 학교자치 구현
→ 학생의 교육 받을 권리를 실질적으로 보장 및 확대
→ 학습자의 학습에 대한 결정권 보장 및 확대
→ 민주시민 양성
→ 주민의 삶의 질 향상

[그림 1] 교육자치의 단계적 목적 설정

그리고 '주체는 무엇을 어찌하는 것인가?'의 문제다. 이것은 어떻게 의사결정을 하는 것인가의 문제와 결정한 후 어찌할 것인가의 문제로 나눌 수 있다. 의사결정의 대상은 주체마다 달라지며, 의사결정에 관한 참여 방법도 다른 양상을 띠지만, 이에 책임과 권한이 동시에 따른다는 것은 모두 같다고 할 수 있다.

국가 수준의 교육에 대한 자치권 행사는 대통령과 국회의원 선출로 이루어진다. 국가에 교육 권력을 위임한 시민들은 간접적으로 자신의 의사를 표시할 수밖에 없다. 특히 교육 관료들에 의해 좌우되는 현 교육 상황에서는 간접적인 의사표시에도 더 큰 한계가 있다. 즉 국가 수준의 교육자치에서는 주민의 뜻이 거의 반영되지 않고 있다. 교육에 대한 시민 의견이 상향식으로 전달되어야 한다. 이를 위해서는 지방교육정부로의 교육 분권이 요구된다.

교육감은 유·초·중등교육에 대한 결정권을 지닌다. 교육감은 기관이면서 개인이 된다. 교육감이 지방교육에 대한 자치권을 행사한다는 것은 교육감에게 교육권한을 위임한 지역 주민의 의사를 간접적으로 반영한 것을 의미한다. 교육감은 또 다른 지방의 선출 권력인 지방의회와의 견제와 협력을 통해 정책을 수행한다. 교육감의 모든 정책에 주민의 의사를 직접적으로 표시할 수 없는 한계가 있다. 교육감 4년 임기 동안 주요 공약에 관한 판단으로 교육감 개인을 선출할 수는 있지만 다른 공약이나 공약의 구체적인 부분까지 주권자의 의견과 같을 수는 없기 때문이다. 교육감의 정책에 전적으로 공감한다고 하더라도 지방의회가 지속해서 발목을 잡는다면 집행하기 쉽지 않다. 주민들의 의사결정을 국가·국회의원·교육감·지방의원의 선출로 하는 간접 민주주의 방식의 한계다.

현재 학교에 대한 결정권은 주로 학교장에게 있다. 학교 구성원 모두에게 의사 결정권이 고루 가야 한다. 구성원 1인 1표의 의미가 있어야 한다는 것이다. 또한 학교의 인사와 재정을 포함한 경영, 교육활동 및 교육과정의 편성·운영·평가에 대한 자기 주체적 결정권을 확보해야 한다는 의미이다. 이로써 직접 민주주의를 실현하는 최소한의 공간을 확보한다. 학습자의 학습 내용, 학습 방법에 대한 학습 결정권과 자신의 진로와 자기 삶에 대한 결정권은 학습자 개개인의 의사결정에 따른다.

실천 방법은 간접적인 것과 직접적인 것으로 살펴볼 수 있다. 간접적인 방법은 위임자를 선출하는 것 외에 선출한 이들에 대한 주민소환이 있다. 대통령·국회의원·교육감·지방의원과 같은 이들이 주권자의 의견과 반하는 교육정책을 집행할 때 법적인 근거를 만들어 소환하는 것이다.

주민의 교육권력에 대한 직접적인 참여방법은 주민참여이다. 국가교육과 지방교육에 대해 상향식 의사결정을 취하고, 이에 적극적으로 참여하는 방안이다. 예를 들어 학교 단위 교육과정위원회를 만들고 의견을 모아 시·도 단위 교육과정위원회에 의견을 낸다. 시·도 단위 교육과정위원회 역시 주민이 만든다. 여기서 모인 의견을 국가교육과정위원회에 낸다. 마찬가지로 국가교육과정위원회 역시 주민의 대표가 참여한다. 또 다른 예는 주민참여예산과 같이 교육청에 정책위원회로 직접 참여하는 것이다. 학교의 경우는 1인 1표제를 전제로 한 학교운영위원회에 참여한다. 이를 위해서 학교 내 구성원의 다양한 자치기구를 설치하고 활동을 보장한다. 기타로는 학습자의 학습권을 보장하는 제도를 마련하는 방안도 생각해 볼 수 있다. 지금까지 제시한 교육자치의 개념 조건을 정리하면 〈표 5〉와 같다.

<표 5> 교육자치 개념의 조건

조건			내용
누가	주체		교육감, 학교장, 교사, 학생, 직원, 학부모, 지역사회
	학습자		학교 안(학생, 교직원)
			학교 밖(청소년, 평생학습자)
무엇	대상		유·초·중등교육 분야(지방교육행정) 교육활동 및 교육과정(편성·운영·평가) 학습권 및 진로 결정
	목적		교육의 발전(지방교육의 발전), 교육 기본권 보장 학교 민주주의 실현, 학습자의 학습권 확대 민주시민 양성(삶의 자치 확대), 주민의 삶의 질 향상
어떻게 하는 것	의사 결정		국가 교육의 결정권, 지방교육의 결정권(간접 민주주의), 학교 운영의 결정권(직접 민주주의), 학습자의 학습결정권·진로결정권(학습자의 선택), 자기 삶의 결정권(개인의 선택)
	실천	간접	주민소환 (대통령, 국회의원, 교육감, 지방의원)
		직접	주민참여 (상향식 국가교육 결정, 상향식 지방교육 결정, 1인 1표제를 전제로 한 학교 운영회의, 다양한 학교 내 구성원 자치기구)

나. 교육자치 개념의 영역

　자치는 '주체가 위치한 공간에서 어떤 목적을 어떻게 결정하는가'로 개념화될 수 있다. 이를 교육자치에도 적용해 보자. 교육자치의 궁극적 목적은 이미 언급한 대로 '주민 삶의 질 향상'과 '민주시민 양성'이다. 이에 도달하기 위한 목표로서 '삶의 자치'를 상정해 볼 수 있다. '교육자치'는 '삶의 자치'를 위한 하나의 도구에 해당한다. 교육자치가 목적이나 목표가 아니라 우리가 추구해야 할 목적으로 가는 도구적 성격을 지닌다는 점이다. 교육자치는 주체(교육감·학교 구성원·학습자)가 위치한 공간 즉 지방·학교·학습공간에 따라 다르게 개념화될 수 있다. 교육자치는 지방교육자치·학교자치·학습자치를 포함하는 개념으로 사용될 수 있다. 이를 보여주는 것이 [그림 2]이다.

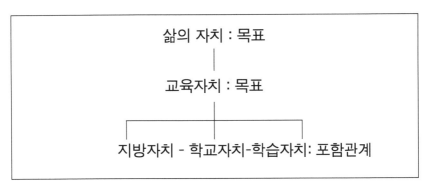

[그림 2] 자치 개념 간의 관계

교육자치는 지방교육자치와 학교자치, 학습자치를 아우르는 개념으로 그 실현하는 과정에서 단계성을 가진다. 이는 하향식을 전제로 한 설정으로 두 가지 경우를 생각해 볼 수 있다. 첫 번째는 중앙정부에서부터 분리·독립하는 지방교육정부, 지방교육정부로부터 분리·독립하는 학교의 경우이다. 일반적인 단계라고 할 수 있다.[4] 교육자치의 종국적 목표가 학교자치라고 여기는 이들도 이 단계적 접근에 동의할 수 있다. 두 번째는 중앙정부로부터 학교로 직접 사무와 권한을 이양 받는 경우이다. 학교자치를 급진적으로 원하는 이들의 단계이다.

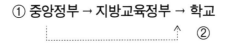

[그림 3] 교육자치의 구현과정

교육자치의 구현과정은 지방교육정부(시·도교육청), 학교, 학습공간으로 이어진다. 지방교육자치, 학교자치, 학습자치의 목표는 삶의 자치가 된다. 교육자치의 지향순서로 정리하면 [그림 4]와 같다.

---

4) 교육자치는 위에서 아래까지 일관성 있게 설계될 때 소기의 목적을 달성할 수 있는 것이다. 만약 일관성 있는 설계가 불가능하다면 상급단체부터 자율성을 확보하는 것이 순리이다. 상급단체가 자율성을 확보하면 운영의 묘를 통해서 교육자치의 취지를 살릴 수 있는 여지가 있기 때문이다. 송기창 (2004:251).

지방교육자치 → 학교자치 → 학습자치 → 삶의 자치

[그림 4] 교육자치의 지향 순서

개념화의 조건과 교육자치의 영역을 종합하여 교육자치의 개념을 조작적으로 정의하고 그 내용을 정리하면 〈표 6〉과 같다.

〈표6〉 교육자치 의미 종합

구분	교육 자치	학교 자치	학습 자치	삶의 자치
정의	교육주체가 교육의 문제를 스스로의 의사결정을 통해 해결하는 것	학교 구성원이 학교 교육과정을 스스로의 의사결정을 통해 생성하고 운영하는 것	배움의 주체가 스스로의 결정을 통해 학습의 목적·내용·방법·평가를 실행하는 것	삶의 주체가 스스로의 결정을 통해 삶의 진로와 방향을 선택하여 실천하는 것
의사 결정권	교육감	학교 구성원	배움 주체	삶의 주체
권한 이양	교육부로부터	교육감으로부터	교원으로부터	국가로부터
대상	지방(광역)	학교	개인	개인(나)
주요 관심사	교육 행정	교육과정	학습 경험	삶의 변화(행복)
갈등 대상	중앙정부, 지방자치단체	교육부, 교육청	교원, 학부모	국가, 모두
범주	교육 전반	교육활동	배움	삶의 활동

교육자치 권한 이양에 대한 접근 방법은 교육주권회복과 교육 권한에 대한 위임의 두 가지로 상상할 수 있다. 교육주권회복은 국가나 기관에게 주었던 주민 자신의 권력을 회복하는 것이며, 교육 권한의 위임 연속은 연대한 개인들이 국가에 위임(학부모들의 위임 포함)하고, 국가는 지방교육정부에 위임하고, 지방교육정부는 학교에 위임하고, 학교는 교사나 학습자에게 위임하는 것이다. 여기서는 후자에 가깝다고 할 수 있다. 교육자치의 개념을 광의의 개념과 협의의 개념으로 나누어 접근하면[5] <표 7>과 같이 정리할 수 있다.

<표 7> 교육자치의 광의와 협의의 개념

광의의 개념	협의의 개념1	협의의 개념2	협의의 개념3
교육자치란 주민 또는 주민이 직접 선출한 지방교육정부가 중앙정부로부터 교육에 관한 사무와 권한을 배분받아 스스로의 의사결정을 통해 교육민주주의를 실현하는 것으로 지방교육자치 및 학교자치, 학습자치를 포함하는 개념을 말한다.	교육자치란 중앙정부로부터 유·초·중등교육 분야의 사무와 권한을 배분 받은 교육감에 의해 교육의 민주화를 실현하는 것을 말한다.	교육자치란 학교 구성원이 학교 교육과정을 스스로의 의사결정을 통해 생성하고 운영하여 학교 민주주의를 실현하는 것을 말한다.	교육자치란 배움의 주체가 스스로의 결정을 통해 학습의 목적·내용·방법·평가를 실행하고 학습자 진로를 스스로 결정하여 민주적 삶을 실현하는 것을 말한다.
지방교육자치+학교자치+학습자치	지방교육자치	학교자치	학습자치

---

5) 김종철(1991:7)은 교육자치란 광의로는 중앙과 지방을 막론하고 교육 및 교육행정에 있어서 자주성, 전문성, 정치적 중립성을 보장하고자 하는 기구와 시책을 의미하는 것이며, 협의로는 지방행정조직과 운영에 있어서 분권주의와 자주성 존중, 주민통제와 전문성 보장을 제도화한 것으로 정의 내렸다.

광의의 개념으로 접근하면 영역자치와 지역자치는 물론이고 학교자치와 학습자치까지 아우를 수 있는 장점이 있으나 지방교육자치와의 개념 구분 문제가 발생할 수 있고, 학교자치와의 영역적 충돌 우려도 있다. 황준성(2018:14)은 법안 준비과정에서 지방교육자치가 아닌 교육자치의 실질적 구현을 내세우자는 주장도 있었으나, 교육자치라고 할 때는 그 개념이 주로 영역자치에 한정되어 중앙에서 지방으로의 권한 이양을 강조하는 지역자치의 개념이 약한 바, 교육자치가 아닌 지방교육자치라는 단어를 최종적으로 택하였다.

협의의 개념1의 지방교육자치로 교육자치를 정의하면 교육자치의 영역이 비교적 분명해지는 이점이 있다. 현실적으로 교육부장관과 교육감, 국가와 지방정부와의 권한과 사무 배분의 문제를 해결하는 것이 가장 시급한 과제이기도 하다. 그러나 자칫 교육자치를 교육감자치로 오해할 소지가 다분하고 교육감의 권한만 비대해질 수 있다는 지적에서 자유롭기 어렵다. 교육행정이 수직적 구조로 되어 있어 교육자치의 영향력이 제한적이라는 비판도 받을 수 있다. 교육자치를 영역자치로 한정하면 안 되는 점과 지방교육자치가 갖는 한계, 즉 지방에 방점을 찍는 것도 문제가 될 수 있다. 주로 행정으로부터의 독립만을 강조하여 광의의 개념으로 보는 교육자치의 효용성을 상쇄할 가능성도 배제하기 어렵다.

협의의 개념2의 학교자치로 교육자치를 정의하면 교육자치의 궁극적 목적이 학교자치라는 주장에 부합된다. 학교자치와 지방교육자치는 다르다는 점을 인정하여 위에서 언급한 지방교육자치의 한계를 어느 부분 해소

할 수 있는 여지가 확보된다. 김성천(2018:115)은 교육자치가 시·도교육청 등 광역 단위 교육 자치 및 시·군·구 교육지원청 단위의 자치를 모두 포괄하는 것과 달리, 학교자치는 단위학교에 의한 자치를 의미한다는 점에서 차이가 있다고 하였다. 학교자치가 지니는 다양한 개념적 층위도 포섭할 수 있게 된다. 김혜진(2020:262)이 정리한 학교자치에 관한 다양한 정의를 수정·보완하면 다음과 같다.

<표 8> 학교자치의 정의

연구	정의
허병기 (1999)	학교운영위원회 제도를 중심으로 한 학교운영방식이며, 단위학교책임경영제 혹은 학교중심경영제를 포괄하는 것임
이기우 (1999)	교육공동체인 학교가 교육 및 학교생활에 관련된 사항을 교육의 주체인 교사, 학부모, 학생이 참여하는 자기 책임 하에 분권적으로 수행하도록 하는 조직원리임
주삼환 (2006)	교육을 행하는 당사자들이 교육의 목적을 달성하기 위하여 자율적으로 의사결정에 참여하는 과정을 의미함
고전 (2008)	학교라는 단위에서 이루어지는 교육자치이며, 지방교육자치제도의 기초자치로서의 의미를 가짐. 또한 교육내용의 자치와 교육행정의 가치가 모두 포함됨
정재균 (2012, 2018)	학교가 교육운영에 관한 권한을 갖고 교직원, 학부모, 학생 등 교육주체들의 자발적 참여를 통해 교육운영과 관련된 일을 민주적으로 결정하고 실행해 나가는 것. 교육의 자주성과 전문성을 보장하는 교육자치 이념을 학교 차원에서 구현하는 것임
제2회 교육자치 정책협의회 (2017)	단위학교가 학교교육 운영에 관한 권한을 갖고, 구성원들이 학교의 고유한 교육과정을 구성하여 운영하고 평가하는 과정에 함께 참여하며, 그 결과에 책임지는 것임
김성천 외 (2019)	학생, 교원, 학부모, 지역사회라는 교육활동의 주체들이 권리와 책임을 나눠서 자율적으로 운영하는 제도
한은정 외 (2019)	개념상 단위학교의 자율적이고 민주적 운영을 핵심으로 하며 교육부, 교육청으로부터 자치라는 의미를 함의함. 즉 과거 교육행정기관의 관여와 지시 감독을 받는 관계를 벗어나 자율적으로 운영할 수 있는 기관이라는 의미를 가짐

공간과 지역의 차이일 뿐 교육자치와 학교자치는 큰 변별력이 없다는 점도 수긍할 수 있다. 현재 학교는 인사·예산·강사·재정·정책 그 어떤 것도 자생적으로 해결할 수 없어 현행 법제도와 학교자치라는 용어는 걸맞지 않다. 김성천(2019)은 이 주장에 대해 현재 실천할 수 없다고 개념을 설정하지 않거나 바꾸는 것은 적절하지 않다고 하였으나, 합의된 개념으로 상정한 후 실천하는 편이 바람직하다는 반박도 가능하다. 학교자치가 이전에 학교장 중심의 학교경영체제와 다를 바 없어질 수 있다는 우려도 공존한다. 또한 교장 중심에서 벗어난다 하더라도 교사 중심의 교사자치라는 오해 소지도 다분히 남는다. 학교자치가 지니는 우려 사항을 교육권력의 제 양상을 중심으로 교육자치 이전과 이후를 다음과 같이 예상할 수 있다.

<표 9> 교육권력이 교육자치에 미치는 영향

구분	교육자치 이전	학교자치	교육자치 이후
권력 정보	집중	분산	공유
구성원 엘리트 의식	관료엘리트주의	교사엘리트주의	상호 협력
권력 형태	중앙집권	학교장 중심	권력 분산
권력 구조	수직적	수직적	수평적
권력 갈등 양상	충돌	갈등 소지	갈등 해결
권력의 철학	교육행정 중심	교육과정 중심	학습 중심

협의의 개념3 학습자치를 교육자치로 정의하면 학습자 중심의 자치 개념을 정립할 수 있다. 교육자치의 개념이 그간 교육감, 교장, 교사 중심이거나 교육행정, 사무 배분 등과 같은 학습 외적인 부분에 경도되어 있다는 지적에서 자유로운 측면이 있다. 학교자치에서 자칫 범하기 쉬운 학생 소외의 위험도 극복할 수 있고, 학교 밖 청소년은 교육자치에서 배제된다는 우려도 불식시킬 수 있다. 이는 평생교육의 관점에서 교육과 학습을 학교라는 공간 안에 가두는 것에서 해방시키는 결과를 만들 수 있다. 학습자치는 교육자치가 삶의 자치로 가는 중간 통로이자 교육자치가 지니는 가장 본질적 영역에 있어서의 자치를 의미하기도 한다. 그러나 교육자치를 학습자치로 국한시킬 경우 편협하다는 비판을 면키 어려울 뿐더러 이상적이기는 하나 실제적인 부분을 어떻게 채울 것인가에 대한 준비가 미흡해지고 교육자치로 얻을 수 있는 실익이 현저히 떨어진다는 전망을 낳을 수 있다.

교육자치의 개념이 가지는 다양한 스펙트럼을 포괄적으로 수용하고 교육자치의 궁극적 목적이 주민의 삶의 자치인 점을 감안하고, 교육자치 개념으로 인한 현실적 상황을 고려하여 본고에서는 교육자치를 광의의 개념으로 다루고자 한다.

3. 결론

　교육의 문제는 자신 삶의 터전 문제이다. 자신의 삶, 생활공간, 지역 그리고 학교에서 이루어지기 때문이며, 교육과 교육을 통한 것들이 내 삶에 영향을 주기 때문이며, 그것들로 인해 내 삶의 질이 결정되기도 하고 향상되거나 저하되기도 하기 때문이다. 자신의 삶에 결정적 영향을 주는 교육에 대해 참여하고, 고민하고 실천하여 그 결과에 책임을 짐으로써 삶을 바꾸는 주체로 서는 것이 교육자치라고 할 수 있다. 그러기 위해서는 교육자치를 방해하는 이들로부터, 삶의 자치를 저해하는 것으로부터 독립해야 함에도 교육자치에 대한 목적과 상은 저마다 달라 개념의 혼선을 빚어온 것이 사실이다. 법적인 접근은 사무와 권한이 어디에 있느냐에, (교육)행정적 접근은 인사·조직·재정의 독립에, 교육적 접근은 교육과정과 막연한 학교민주주의에 집착하여 교육자치의 전체적인 상을 제시하지 못하였다. 본고에서는 사전적·법적·(교육)행정적·교육적 의미에서 개념의 조건을 '누가(주체·학습자) 무엇을(대상·목적) 어찌하는 것(의사결정·실천)'으로 도출하였다. 이를 바탕으로 교육자치, 학교자치, 학습자치, 삶의 자치를 개념화하였다. 교육자치는 삶의 자치를 지향하는 도구로써 지방교육자치와 학습자치를 포함하는 관계를 설정하여 광의의 개념으로 정리하였다.

본고를 통해 교육자치의 개념이 완전하게 정립되었다고 자신할 수 없다. 본래 개념이라는 것이 정의와 특성, 영역, 상의 종합적 성격을 아우르는 용어이기에 본고의 연구적 한계는 명확하다. 다만 교육자치의 개념 정립을 위한 단초로서의 역할만을 바랄 뿐이다. 후속 연구로는 '교육자치의 목적과 상에 관한 연구'가 요구된다. 이 연구에서는 다음과 같은 내용에 천착해야 할 것이다.

- 지방자치와 주민자치, 교육자치는 과연 별개인가?
- 교육자치, 지방교육자치, 학교자치, 학습자치는 어떤 목적과 상을 가지고 있는가?

II. 교육자치의 필요성과 목적

중심적 사고는 늘 주변을 만든다.

대한민국의 교육은 지금까지 중앙정부가 주도해 왔다. 하향식의 교육정책은 산업화 시기에는 효과가 있었지만 여러 부작용을 낳기도 하였다. 획일화된 주입식교육으로 창의력을 떨어뜨려 아이들은 정답만을 외우고 맞히는 시스템에 길들여졌고, 자신들의 삶과 동떨어진 교육을 받고 있다. 지나친 경쟁주의로 서열화가 심해지고 아이들의 자존감이 낮아졌다. 경제적 불평등이 교육의 불평등으로 이어져, 부모의 학력과 소득이 높을수록 자녀의 수능성적이 고득점일 확률이 높은 것으로 나타났다.

인공지능·빅데이터·자율주행차 등을 주축으로 한 4차 산업혁명은 초연결 사회를 가속화하고 있다. 저출산·고령화 사회로 진입하면서 국가의 생존 자체를 위협하고 있다. 경제적 빈부 격차 심화는 각종 사회문제를 야기하고, 국제화 시대에 다문화의 유입은 새로운 문화적 갈등을 발생하고 있다. 산업화로 인해 지구 온난화 등 생태계가 심각한 환경문제를 낳고 있고, 70년 가까이 지속해 온 분단 상황은 늘 전쟁의 위험을 안고 있다. 이러한 다가올 미래에 대한 교육적 준비가 필요하다. 새로운 역량을 바탕으로 한 과학기술교육, 교육복지를 위한 교육불평등 해소 교육, 더불어 사는 상호문화교육, 생태교육, 통일평화교육을 통해 우리 아이들을 민주시민

으로 육성해야 한다.[6]

　교육에 있어 과거에 대한 반성과 미래에 대한 준비는 교육 현장에서 가장 가까운 주체들에 의해 시작하자는 것이 교육자치의 근본 취지이다. 교육자치에 대한 상이한 목적과 이로 인해 저마다 추구하는 상이 달라서 발생하는 혼란을 최소화하고, 그 한계[7]를 극복하기 위해 교육자치의 필요성과 목적을 고찰해 보고자 한다.

---

6) 우문영(2017:24-30).

7) 곽노현(2020)은 '10년 전에는 교육자치 이념과 구호는 중앙정부에 맞서 직선교육감의 지방교육자치권한을 방어하거나 확장할 목적으로만 동원됐다. 당시만 해도 교육자치의 알맹이가 학교자치라는 생각은 소수 선각자의 가슴에 깃들어 있을 뿐 시대정신과 개혁동력으로 표출되진 못했다.'라고 진단하고 있다.

1. 교육자치의 필요성

교육자치는 교육의 자주성 확립의 측면에서 접근하는 정치적 요구, 교육의 전문성과 특수성을 확보하는 측면에서 접근하는 교육행정적 요구, 교육의 민주성 획득과 교육 현안 문제 해결의 측면에서 접근하는 교육적 요구의 세 가지 측면에서 요구된다.

가. 정치적 요구[8]

(1) 직접 민주주의 실현

자치는 참여를 통한 민주주의의 실현을 추구하므로 자율과 독립을 중요한 가치로 삼는다.[9] 달리 말하면 민주주의 실현의 기본 전제는 참여에 있다고 할 수 있다. 참여하는 단위가 넓으면 주권자가 직접 참여하기 어

---

8) 이계탁(2010)은 자치행정의 존재이유를 ① 독재 및 전제정치에 대한 방파제 역할 ② 정치의 지역적 실험장 역할 ③ 민주주의 학교(민주주의의 훈련장) 역할 ④ 민주적 사회개혁(민주적 사회발전) 역할 ⑤ 정국마비의 방지 역할로 제시하였다.

9) 최진혁·김찬동(2011).

렵다. 중앙정부의 활동이 간접적인 것이 될 수밖에 없는 것인 데 반해 지방자치는 직접민주주의를 가능케 하여 풀뿌리 민주주의를 구현할 수 있는 기틀을 마련해 준다.[10] 교육자치도 마찬가지이다. 중앙정부보다는 지방교육정부, 지방교육정부보다는 학교 단위에서 주민의 이해와 요구를 곧바로 실천할 수 있는 공간이 확대될 가능성이 커진다. 그런데도 우리의 민주주의는 대부분 대의민주주의를 채택하고 있다. 지방자치와 교육자치로 단위를 좁힐수록 참여의 기회는 많아진다. 간접민주주의는 주민의 의사를 왜곡할 수 있고, 이해와 요구가 정책에 반영되지 않을 수 있다. 이러한 간접민주주의의 실행은 직접민주주의가 지니는 이점을 몰라서라기보다는 현실적 운용에서 제약받기 때문이었다. 인공지능의 발달로 인해 더욱 손쉬운 방법으로 행정뿐만이 아니라 교육 등 그 외의 분야에서도 주권자의 의사를 명확히 반영하는 직접민주주의를 실현할 수 있게 되었다.

(2) 민주를 배우는 학교로서의 함의

대한민국은 민주주의 국가이다. 교육의 궁극적 목적은 민주시민으로서 행복하게 사는 것이다. 그럼에도 민주주의를 배우는 공간은 존재하지 않는다. 엄밀히 말하자면 학교라는 곳에서 교과서 상으로만 민주주의를 배운다. 어른이나 아이나 민주주의, 민주시민 교육을 제대로 배운 적이 없

---

10) 송병주(1992:8-9).

다. 만 18세 이상으로 선거권 연령이 낮춰지고, 교육감 선거의 경우에는 중학생에게 선거권을 부여하는 방향으로 사회가 나아가고 있지만, 학교 안과 학교 밖 어느 곳에서도 민주시민교육을 제대로 하는 곳은 거의 없는 실정이다. 교육부와 교육청에서 민주시민교육과를 설치하여 교육과정을 운영하고자 하나 실질성을 담보하기에는 한계가 분명하다. 특히 2020년 21대 국회의원 선거와 관련한 교육을 방해하는 중앙선거관리위원회의 부당한 선거법 해석은 이를 부채질하고 있다. 선거와 관련한 교육은 학생뿐 아니라 성인도 배운 적이 없기는 마찬가지이다. 자신들의 권리를 행사하는 절차와 방법, 그 의미를 교육받은 적이 없이 생활해 오고 있다. 시민의 일상생활과 직·간접적으로 연관되는 문제들을 스스로의 힘으로 처리하는 가운데서 주민의 자치능력과 민주주의 의식을 함양하는 학교의 역할을 교육자치가 수행하게 된다.

(3) 정치적 안정

중앙집권적 정치는 수도권 중심의 발전에 치중하여 경제, 정치, 산업, 인구 등을 집중시켜 발전시키면서도 교통, 환경, 주거 등의 문제를 야기하고 있다. 이에 반해 지방은 기반을 상실하며 빠른 속도로 붕괴되고 있다. 또한 도시 중심의 정책과 고령화·저출산으로 인해 농·어촌은 사라져 가고 있다. 특정 지역 위주의 발전은 이를 더욱 가속화시킬 것이다. 국가균형발전을 위해 지방 분권은 선택이 아닌 필수이다. 지역을 살리는 가장 좋은 방안은 연대이다. 중앙과 지방의 연대, 지방의 제 기관 연대를 구축하는 것이다. 농·산·어촌 지역에는 학교가 그 중심에 있다. 학교를 살리는 것이 곧 지역을 살리는 일이 된다. 학교를 매개로 지역사회가 연대를 하는 것이다. 바로 학교자치를 통해 지역발전을 도모하는 것이다. 지방교육발전으로 지방 발전을 견인해 내는 것이다. 지방 발전은 정치적 안정을 위해 가장 시급한 일이다.

정권은 5년마다 바뀐다. 진보 또는 보수의 색채를 지닌 정권들이 집권할 때마다 경쟁적으로 상대방의 정책을 부정하고 파괴하기도 한다. 지방자치, 지방교육자치는 이런 정권 교체로 인해 발생하는 행정과 교육행정의 전국적인 갈등과 혼란을 막아주며, 정치적인 불안정을 해소할 수도 있다.

(4) 헌법 정신 구현

헌법 제31조는 교육에 대한 국민의 기본권을 제시하고 있다.[11] 하지만 문서상에서만 존재할 뿐 교육 불평등이 현실 속에서 만연하고 있다. 특히 제4항 교육의 자주성·전문성·정치적 중립성은 심각하게 훼손되어 있다. 이는 헌정 질서가 무너져 교육적 기본권을 침해받는 현실을 외면하고 있음

---

11) 현행 헌법 제1조제4항은 교육의 자주성과 정치적 중립성 보장으로 교육자치를 보장하고 있다.(교육이 정치권력이나 기타의 간섭 없이 그 전문성과 특수성에 따라 독자적으로 교육 본래의 목적에 기하여 조직 운영 실시되어야 한다는 의미에서의 교육의 자유와 독립을 말한다(헌재결 2002.3.28. 2000헌마283 778(병합)) 아쉽지만 교육자치에 대한 직접적인 언급은 없다. 개헌 시 교육 관련 분야에 대한 내용을 반영시켜야 한다. 전국시도교육감협의회(2018).

을 방증한다고 할 수 있다. 본 항에서는 정치적 성격을 지닌 교육의 자주성과 정치적 중립성을, 다음 절에서는 교육행정의 성격을 지닌 교육의 전문성과 특수성을 다루고자 한다.

교육의 자주성은 교육 외적 영역에 대한 독립성을 의미한다. 헌법 제31조제4항과 교육기본법 제5조에 학생의 교육을 직접 담당하고 있는 교사의 교육의 자주성과 학교자치를 포함하는 교육기구의 자주성을 포괄한다고 할 수 있다. 국가는 학교제도에 관한 외적 사항을 규정할 수는 있지만 교육과정, 교육방법, 교과서 및 평가기준 등과 같은 내적 사항에 관해서는 관여할 수 없다.[12] 왜냐하면 이것은 학생의 학습권과 직접 관련되는 교사의 전문성·자율성에 의하여 결정될 사항이므로 입법으로 규정될 수도 없고, 위로부터 규율될 수도 없는 속성을 갖는 영역이기 때문이다.[13]

교육의 중립성은 정치권, 특정한 사회단체, 이해당사자로부터 벗어나서 교육의 자주성을 확보하는 것을 의미한다. 또한 교육에서의 중립성은 양심의 자유, 학습의 자유, 교육의 자유를 승인하는 사회의 제반 가치들에 관한 법적 표현이다. 또한 이것은 모두에게 개방된 주요한 공적 서비스의 틀 안에서 각자의 차이에 따른 권리의 승인 보장과 같은 것이라고 할 수 있다. 그러므로 학생의 인간적 성장을 도모하는 공교육이 여러 종교적·정치주의의 영향에서 벗어나려면 학교제도의 독립적인 현실을 부여해야 할

---

12) 헌법에 보장된 교육의 중립성은 문서 속에서 존재할 뿐이고 대통령 중심제의 현실에서는 작동하지 않는다. 결과적으로 정치권력의 개입은 교육의 중립성 및 자주성을 훼손하는데, 국정교과서 문제가 대표적이라 할 수 있다.

13) 안주열(2005:207).

것이다.[14]

나. 교육행정적 요구[15]

헌법에서는 교육자치를 주민복리에 관한 사무처리, 재산관리, 자치입법을 포함하는 지방자치제도와 교육의 전문성과 특수성을 강조하는 이중적 구조가 있음을 인정한다.[16] 교육기본법에서는 중앙과 지방의 협력관계를, 지방교육자치에 관한 법률에서는 교육에 있어서 분권을, 「초·중등교육법」에서는 개별 교육기관의 자율성을 보장하고 있다.

(1) 교육의 전문성 확립

교육의 전문성은 교사의 전문성과 교육행정의 전문성을 함께 지니고 있다. 헌법에서 교육의 자주성과 정치적 중립성을 보장하는 가장 큰 근거는 교사의 전문성에 기인한다. 학생의 성장과 발달에 맞는 교육과정, 교수와

---

14) 안주열(2005:209).

15) 송병주(1992:16). 교육행정의 자주성과 정치적 중립성의 요청에 기인한다. 교육의 자주성은 학문 및 사상면의 당파성을 배제하고 정치권력의 지배를 배제하며 교육의 목적·방법 등은 교육을 받을 그 지역의 주민들의 의사에 의해서 결정되고 운영되어야 할 것을 강조하는 것이다. 정치적 중립성은 교육규모의 확대에 따라 공권력에의 의존이 높아지므로 교육의 자주성 보장을 위해 교육내용의 중립, 교사의 중립, 교육행정제도의 중립을 통하여 부당한 정치권력의 지배를 받지 않는 상태를 말한다.

16) 김재선(2016:195).

학습, 평가는 교사의 전문적 영역이다. 교육행정의 전문성은 교육행정직원과 일반행정직원의 몇 가지 변별점에서 찾을 수 있다. 교육행정직원은 우선 교육철학에 대한 마인드가 확고하다. 임용 전부터 교육, 학교, 학생을 위해 무엇을 할 것인가에 대해 천착하고 고민하며, 임용 후 공직 생애 내내 그 문제 해결에 주력한다. 또한 이들은 교육정책에 대한 이해가 남다르다. 국가 및 교육청의 교육정책에 대해 끊임없이 연구하며 실천한다. 학교의 경우에는 통합적 전문성을 지닌 종합행정을 실현한다. 교사와 교육행정의 전문성은 주민참여와 전문적 관리를 통해 민주주의 이념을 구현하며 지역 단위 주민의 참여와 통제를 받게 되어 주민의 이해와 요구에 맞는 교육행정으로 이어진다.

(2) 교육의 특수성 존중

교육자치에 있어서 교육의 특수성은 교육적 특수성과 지역의 특수성을 아우르고 있다. 교육은 인간을 대상으로 인격적·윤리적 작용이 이루어지는 것이므로 교육행정은 일반행정에서의 권력적 강제보다는 민주적 지도, 조언이 중심을 이룬다. 따라서 일반행정의 경우처럼 강제행정보다는 인격적·윤리적 판단을 하는 자유재량의 범위가 광범위하게 허용되어야 한다. 또 교육은 그 효과가 장기적이며 계속적인 과정을 통해 나타나는 것이므로 일반행정과는 달리 구분되어야 한다.[17] 지역의 특수성은 그 지역만이 지니는 색채를 반영한다. 중앙과는 지방의 고유한 문화와 선출직인 교육감의 공약이 결합된 지방교육행정의 특성을 존중하고 계발해야 한다.

(3) 행정 분권의 효율성과 민주성 확보

중앙집권적 교육행정은 일사분란하게 움직이며, 행정사항의 일관성과 전국적인 통일성을 확보하였고, 보다 거시적 문제에 집중할 수 있다. 하지만 국가의 편의성 위주라는 비판을 면치 못하고 있다. 공룡과 같은 거대 조직은 의사결정에서 매우 느리게 작동한다. 일관성, 통일성, 획일성이 전이되는 위험도 감수해야 한다. 현장의 문제는 현장에서, 현장에서 가장 가까운 곳에 위치한 곳에서 해결하는 것이 문제 극복 가능성을 높일 뿐 아니라 즉시성을 담보할 수 있다. 중앙교육행정은 학교행정, 지방교육행정에 권한을 위임, 이양 또는 분권을 통해 보다 효율성을 높일 수 있다. 이는 주민들의 의사를 정확하고 신속하게 교육행정에 반영함으로써 주민의 삶을 향상할 수 있고, 나아가 분권행정의 민주성도 획득할 수 있다.

---

17) 송병주(1992:16).

(4) 교육행정 거버넌스 구축[18]

교육정책은 그 자체 특성상 긴 호흡을 요구받는 데 반해 정권은 5년마다 바뀌고 있다. 진보와 보수를 떠나 정권마다 교육정책에 관해서는 또 다른 특성을 지닌다. 이로 인해 교육정책의 안정성과 일관성이 지속되기 매우 어렵다. 대통령, 정권에 따른 교육제도의 변화는 실험적 성격의 교육정책으로 이어지기도 한다. 대통령 임기보다 훨씬 짧은 교육부장관의 임기는 교육정책의 일관성 부재를 더 악화시키며, 나아가 교육정책의 안정성을 파괴한다.

교육부 문제의 핵심에는 교육부 관료주의를 지적하는 이들이 많다. 우선은 현장과 괴리된 정책을 지속적으로 탁상에서 수행해 오고 있다. 또한 관료의 전문성 부족을 말하는데 이를 해결하기 위해 현장전문가를 배제한 채 특정한 학자 중심으로 계획이 수립되고 있다. 사회적 합의과정 없이 관료만의 의사결정으로 교육정책이 집행된다.[19]

지방자치시대에 맞게 교육청과 교육부의 새로운 관계 정립을 요구하고

---

18) 황준성·박균열·김규식(2017)은 국가교육위원회로의 교육행정 체제 개편이 필요한 이유를 1) 정책의 일관성 안정성 확보, 2) 교육의 자주성 중립성 확보, 3) 교육 갈등 관리 기제 필요, 4) 교육행정의 비민주성 제거, 5) 행정 중심의 과도한 관료주의 극복의 다섯 가지로 제시하였다. 주로 과거의 문제 해결과 현안 극복의 차원에서 제시하였다. 김신일 외(2018:6)에서 재인용.

19) 교육부 관료들의 문제는 이뿐만이 아니다. 중앙부처와의 소통의 한계, 교육부 내 의사소통을 가로막는 칸막이는 실로 심각하며, 이로 인해 교육행정의 비민주성이 굳어지게 되고, 수직적 교육행정의 구조를 통해 지방교육정부와 학교행정으로 이어진다.

있다.[20] 이전의 수직적인 행정구조가 아닌 수평적 행정체제로의 전환으로 상호 협력의 발전적 관계를 의미한다. 교육이론전문가, 교육부관료 중심의 교육행정·교육정책에서 교육현장전문가, 교육청, 지역사회를 중심으로 한 새로운 교육행정 거버넌스 구축을 필요로 한다.

다. 교육적 요구

(1) 교육의 이념 도달

민주시민교육이라는 교육의 본질을 외면한 채 교육을 경제에 종속된 것으로 인식하려는 경향이 짙다. 산업에 필요한 자원을 확보하려는 측면에서 접근한 교육정책은 경쟁 중심의 학교교육을 파생시켜 교육 격차 심화, 학습포기, 학교폭력 등 문제를 야기했다.

우리의 교육도 헌법이 추구하는 정신에서 벗어날 수 없다. 즉 교육의 민주화를 추구해야 한다. 여기서 말하는 민주화는 다양한 의미를 지니고 있다. 우선은 교육의 이념인 민주시민 육성에 교육정책의 총역량을 모으는 데 있다. 다음은 교육정책에 대한 계획 수립, 정책 실행, 평가 및 환류의 모든 과정에서 직접 참여하는 방식을 도입하는 것이다. 최소한 사회적

---

20) 안주열(2005:.213.)은 바람직한 교육자치를 위해서 중앙교육기관인 교육부는 전문기술적인 지도조언을 하는 것을 임무로 하는 지도조언관청으로서의 성격을 가져야 한다고 본다.

합의에 기초한 교육정책 수립과 집행이 필요하다.

(2) 교육주체의 참여 보장

민주주의, 민주교육의 실천은 교육주체의 참여가 보장되어야 한다. 교육자치 시대에 자치기구의 법제화 요구가 봇물처럼 쏟아지고 있다. 학교장의 지도·감독 하에 일사분란하게 움직이는 교무회의에 반대하여 교직원회의를 학교에서 가장 실질적이고 공식적인 기구로 자리매김하기 위한 노력이 진행되고 있다. 교육활동을 저해했던 행사 중심의 학사 운영을 탈피하여 교사들이 만든 교육과정으로 학교를 운영하고자 한다.

교육의 주체이면서도 가장 소외되었던 학생들의 학교운영과 교육정책에 대한 참여 요구도 증대되고 있다. 학교운영위원회, 학교교육과정위원회 등에서 학생의 참여 공간 확보는 물론 학생회 법제화를 통해 학생들의 의사를 적극적으로 개진하고자 한다. 이를 통해 배움의 주체로서 지금까지의 삶으로부터 격리된 지식을 거부하고 자신들이 생성한 지식을 적용하고 실천하는 삶을 살고자 한다.

학부모는 형식적인 참여가 아니라 학부모회의 법제화를 통한 실질적 참여 보장을 원하고 있다. 학부모와 주민들이 어떤 자격으로 또는 어떤 입장에서 학교의 교육자치에 참여하느냐에 따라 그 영향력은 달라진다. 고객 또는 수혜자로서의 입장, 옹호자 또는 대변자로서의 입장에서 교육 경영의 동반자로서의 입장으로 전환되어야 한다. 주민이 참여 기회를 많이

가지고 참여의 방법과 형태도 다양화되어야 할 것이다.[21]

(3) 민주적 교육방식

현재 교육의 현장에서 민주시민교육이 어려운 이유는 무얼까? 학생뿐만 아니라 어른들인 교사와 학부모, 교육정책을 계획하고 수행하는 이들이 민주시민교육의 경험이 부족한 것은 아닐까 한다. 설령 초·중등학교에서 배웠다 하더라도 입시 위주의 학교에서는 교과서 안에서, 머리로만 배웠을 가능성이 크다. 대학이나 직장에서도 민주주의를 가르치는 곳은 거의 없다. 이런 결과로 학교 교육과정에 있어 모든 결정권은 교육부와 교육청에 주어졌다. 가르치고 배워야 할 모든 내용과 방법을 가르치지도, 배우지도 않는 이들이 결정해 왔다. 더 큰 문제는 자기결정권에 대한 침해의 식조차 없다는 점이다. 교육에 있어 왜, 무엇을, 누가 결정하고 따라야 하는지에 대한 민주적 감수성이 현저히 떨어져 있는 현실이다.

교수·학습에서의 교육방식의 비민주성만의 문제가 아니다. 학교 구성원들이 모두 지켜야 할 학교 교칙 역시 학생의 통제에 맞추어져 있다. 학교 구성원이 동등한 입장에서 교칙 제정에 찬성하였고, 교칙에 동의하고 있는가? 교칙에서 학생과 교사, 교장은 과연 평등한가? 교칙은 헌법의 민주적 정신, 교육의 민주 정신을 얼마나 담보하고 있는가의 문제에 답해야 한다.

---

21) 남정걸(1992:53-55).

일부 학자나 전문가들은 교육기관에 민주시민교육을 담당할 부서가 운영되지 않아, 혹은 학교 교과목에서의 부재를 원인으로 꼽기도 한다. 하지만 민주시민교육은 담당 부서 미운영이나 교과목의 부재가 근본 원인이 아니고 중요하지도 않다. 민주시민육성은 모든 교과목이 추구해야 할, 모든 부서가 추구해야 할 이념이자 목표라는 것이다.

(4) 현장 중심의 교육문제 해결

교육의 모든 문제를 교육부 혼자서 해결하려고 하는 경향이 있다. 이것은 비단 교육부의 의지만이 아니라 교육부의 문제해결에 대한 주민들의 경로의존의 결과이기도 하다. 이 또한 교육부의 교육정책 독점이 불러온 문제이기도 하다. 세계 대부분의 나라에서는 유·초·중등교육은 지방교육정부의 역할로 보고 있다. 현장에서 가까운 학교와 교육청이 해결할 문제를 멀리 떨어진 중앙에서 천편일률적으로 처리하다 보니 자연스럽게 문제가 발생하였고, 이러한 경험에 대한 반성과 성찰로 인하여 교육 현안의 문제는 지방교육정부가 주도적으로 해결하는 방향으로 접근해 가는 것이다.

교육을 둘러싼 갈등의 원인은 크게 세 가지로 볼 수 있다. 하나는 교육정책의 결정과 추진과정에 학생, 학부모, 교원, 시민의 참여 부족으로 인한 공교육에 대한 불신이다. 두 번째는 교육정책에 관한 이해당사자 간의 의견 충돌로 인한 대립이다. 세 번째는 정보의 비대칭성으로 인한 의사소통의 한계와 오해 발생이다. 교육자치의 필요성을 종합해서 정리하면 〈표 10〉과 같다.

<표 10> 교육자치의 필요성 종합

구분	이전	이후
정치적 요구	간접 민주주의	직접 민주주의 실현
	특정 지역 위주 발전	국가균형발전
	정치적 불안정	정치적 안정
	위헌적 발상	헌법정신 구현
교육행정적 요구	비전문적 교육 활동	교육의 전문성 확립
	몰개성적 지방교육	교육의 특수성 존중
	중앙교육행정의 비효율성	행정 분권의 효율성과 민주성
	일관성 부족 수직적 교육행정구조 관료중심의 교육정책 교육이론전문가 중심	일관성 확보와 지속성 담보 수평적 교육행정의 거버넌스 구축 교육 현장 중심 교육현장전문가 중심
교육적 요구	교육의 본질과 이념 훼손	민주시민교육 도달
	교육기관 중심의 교육정책	교육주체의 참여 보장
	비민주적 교육방식	민주적 교육방식
	탁상행정 중심의 교육문제 해결	현장 중심의 교육문제 해결

2. 교육자치의 상

가. 교육의 목적

교육을 통해 우리가 얻고자 하는 것은 무얼까? 전통적으로 교육의 목적은 국가나 사회의 입장에서 보면 사회의 지속적 발전을 위해 개인의 사회화를 하는 것과 학습자의 입장에서 보면 개인의 성장과 발달을 위한 것이다. 이러한 교육의 목적은 사회체제와 시대의 흐름에 따라 목표도 변해 왔다. 근대산업사회에서는 사회와 국가 특히 기업에 적합한 인재 육성을 위한 목표에 방점을 두었다면, 현대사회에서는 학습자 개인의 행복에 초점을 두는 방향으로 변하고 있다. 물론 이 두 목적은 이항대립적이지 않다. 둘 다를 추구할 수 있지만 보다 어디에 역점을 두느냐에 따라 달라진다고 할 수 있다.

우리가 그리는 교육의 상은 크게 세 가지 시기에 따라 달라져 왔다. 첫 번째는 해방 이후부터 미군정 시기를 거쳐, 이승만 정부, 박정희·전두환·노태우 군사독재정부까지다. 경제적 이해와 요구에 따라 교육이 결정적 영향을 받던 시기이다. 한국전쟁 이후 근대적 산업화 사회를 지향했던 이 시기 교육의 최대 목표는 우수한 산업역군을 길러내는 것이었다. 많은 인원의 학생을 좁은 교실에서 압도적인 양의 지식을 빠른 시간에 전달해서

만들어야 할 인재는 경쟁을 통해 학교에서 길러졌다. 소품종 대량생산과 대외무역에 유리한 메커니즘은 2차 산업혁명에서 성공한 선진 산업국가를 추격하는 성격을 가진 교육체제였다. 당시엔 현재형이었지만 선진국의 과거를 쫓았고, 지금은 과거형이 되었다. 이때 교육자치는 국가에 의해 무력화되었다.

두 번째는 민주정부가 수립되고 난 후 1995년 5월 31일 교육개혁 이후 시기이다. 과거 교육에 대한 반성과 교육선진국의 교육방법에 대한 검토에서 출발하여 교육 전반에 대한 개혁을 부르짖었던 시기이다. 세계화와 사회 발전이라는 목표 아래 창의적 인재 육성을 지향하였다. 교육 분야에서 경제적 이해, 정치적 요구에 따른 영향은 여전해서 경쟁을 추구했지만, 이제까지와는 다른 교육방법을 원했다. IT 기술의 발달로 제3차 산업혁명을 이끌 인적 자원이 필요했던 것이다. 열린 학습을 꿈꾸며 학교 구성원의 학교 경영 참여를 형식적으로 보장하는 교육의 자주성에 역점을 두었지만, 정치와 경제의 간섭에서 벗어날 수 없었다. 이때 교육자치는 형식적 시기에 불과했다.

세 번째는 2016년 4월 16일 세월호 참사 이후이다.[22] 국가 시스템에 대한 근원적 회의를 불러온 4·16참사 후에 과거와 현재의 교육체제에 대한 근본적인 성찰을 시작한 시기이다. 국가와 사회, 기업도 중요하지만, 개인의 행복을 최우선에 놓아야 한다는 시각이 절실해진 것이다. 또한 중앙집

---

22) 이수광 외(2015).

권적 교육이 갖는 한계와 문제점이 분명하게 노출되었기에 미래교육에 대한 준비를 시작하여 아이 한 명, 한 명을 소중히 여기는 관점이 생겼다. 국가와 국민 모두 현재와 미래에서 행복해지기 위해서는 국민 전체가 민주시민교육을 받아야 함을 절박하게 인식한 것이라고 할 수 있다. 이제라도 교육이 자주성과 전문성을 가지고 정치와 경제로부터 독립되어야 한다는 것도 각인하게 된다. 즉 새로운 미래교육체제를 수립하여 민주시민 육성이라는 교육의 근본 목적을 지향하게 된다. 교육의 자주성과 더불어 민주성을 확보하려고 시도하는 이때부터가 실질적인 교육자치 논의의 출발점이라고 할 수 있다.

교육에 대한 자주성과 전문성, 특수성, 민주성의 특성을 지닌 교육자치는 현대사회에서 학습자 개인의 학습권 확대로 주민의 행복한 삶을 추구하는 것을 목표로 한다. 교육자치가 우리의 최종 목적이 아니라 도구적 성격을 지닌다. 교육의 목적을 위해 교육자치의 목적이 무엇인가를 규명하여 종국적으로 우리가 바라는 교육자치의 상을 그리고자 한다.

<표 11> 교육의 상의 변화

시기	지향형	산업 혁명 시기	교육 목표	사회	교육 이념	교육 자치
1948. ~ 1995.5.31.	과거형	2차 산업 혁명	산업 역군	추격형	국가주의	무력화
1995.5.31. ~ 2016.4.16.	현재형	3차 산업 혁명	사회 발전	중도형	신자유주의	형식적
2016.4.16. ~ 현재	미래형	4차 산업 혁명	개인의 행복	선도형	민주주의	실질적 출발점

나. 교육자치의 목적

교육자치란 주민 또는 주민이 직접 선출한 지방교육정부가 중앙정부로부터 교육에 관한 사무와 권한을 배분 받아 자신의 의사결정을 통해 교육민주주의를 실현하는 것으로 지방교육자치 및 학교자치, 학습자치를 포함하는 개념이다.[23] 교육자치를 주장하거나 원하는 주체에 따라 각기 다른 목적을 가진다.

(1) 중앙정부

교육은 중앙정부만의 몫도 지방교육정부만의 몫도 아니다. 각자 저마다의 교육에 관한 역할이 존재한다. 스위스, 포르투갈 등 유·초·중등교육은 중앙이 아닌 지방에 맡겨야 한다고 헌법에 제시한 국가에서도 교육에 관한 중앙정부의 역할을 부정하지는 않는다. 기본적으로 중앙정부의 교육에 대한 의무를 수행해야 한다. 국가 교육 표준을 정하거나, 미래교육 전략 방향을 수립하거나, 교육격차 해소, 학생의 건강·안전에 관한 내용들은 국가의 책무성이 요구되는 영역으로 최소한의 필요 범위 내에서 중앙정부가 역할을 수행해 나가야 한다.[24] 교육 관련하여 국가의 의무를 제대로 수행하여 교육행정의 편의성과 효율성을 높이고 나아가 교육의 민주성을 확

---

23) 우문영(2020:10).
24) 교육자치정책협의회(2017.12.12.).

보하여 교육의 본질적인 목적에 도달하기 위해 교육자치를 필요로 한다.

중앙정부가 교육자치를 지향하는 또 다른 목적은 지방의 균형 발전에 있다.[25] 수도권과 도시로의 인구 집중과 발전 정책을 지속해 온 결과 주거, 보건, 환경, 교통, 교육 등에서 많은 문제가 노출되었고, 국가가 지속적으로 발전하는 데 가장 큰 저해요인으로 작용하고 있다. 지방자치와 더불어 교육자치를 통해 산적한 문제를 해결할 필요성을 심각하게 인식하고 있다.

(2) 지방교육정부(교육청)

지방교육자치를 강력하게 원하는 교육청은 교육의 전문성과 특수성에 기반한 특색 있는 교육행정을 요구하고 있다. 이를 위해서는 법적으로 사무와 권한을 배분 받아 책임 있는 교육행정을 구현할 수 있어야 한다. 둘째는 지역 교육 현장에서 오랫동안 문제의식을 갖고 해결점을 모색하고 공약을 실천할 교육감의 권한을 강화하고자 한다. 셋째는 중앙정부에서 만든 불필요한 교육정책들로 인해 교육청의 업무를 방해하는 것을 제거하고자 한다. 교육행정기관 본래의 기능을 회복할 수 있도록 지방교육정부 차원에서 업무를 조정하고자 한다.

또 다른 목적은 학교중심의 행정력 강화로 학교가 교육행정기관이 아닌 교육기관으로서의 본질적 기능을 되찾기 위함이다. 교육부, 교육청으로부

---

25) 국정기획자문위원회(2017).

터의 업무 경감과 적극적인 학교 행정 지원이 절실히 필요하다. 한편으로는 지방교육정부는 혁신학교와 같이 중앙정부와의 선의의 교육정책 경쟁으로 교육 발전을 선도하는 교육 전반에 관한 요구를 수용할 책무를 지니고 있다.

국가와 지방교육정부 둘 다 지역 주민의 복리 증진을 최종 목적으로 하면서 학교자치로 이행을 준비하는 과도기적 목표를 띠고 있다고 할 수 있다.

(3) 학교

교육의 본질은 가르침과 배움에 있다. 학교는 가르침과 배움을 통해 학교 구성원들이 삶을 살아가는 공간이다. 교육은 정치와 경제에 의해 훼손되었고, 학교는 행정과 업무에 의해 본질이 달라졌다. 교육 분야에 몸담고 있지 않은 사람들도 교육과 학교의 존재와 기능의 본질적 회복을 요구하고 있다. 학교는 자치의 근간을 이루는 인사·재정·조직 어느 하나라도 스스로 결정할 수 없는 데까지 이르렀다. 학교의 자기결정권 유린은 교육과정 중심의 학교 운영을 불가능하게 만들었다. 학교교육의 핵심이 교육과정에 있다는 것은 누구도 부인하기 어려운 진실이다. 교육과정 편성 및 결정권을 국가와 지방교육정부에 빼앗기면서 학교는 그나마 가진 운영권마저도 제대로 실행하기 어려워진 것이다. 학교의 교육과정 편성과 운영은 학습자의 교육과정으로 이어진다. 학교 자치를 통해 학습자의 자치를 견인해야 한다. 교육과정에 대한 자기결정권 확보가 요구되는 이유이다.

이명박 정부 시절부터 학교는 학교장 중심의 학교 경영이 곧 학교자치라는 오해를 받고 있으며, 이를 벗어나기 위한 노력을 지속적으로 해 오고 있다. 민주주의는 어느 특정 리더에게 막강한 권한을 부여하지 않는다. 학교는 민주주의를 배우는 기본 공간이자 출발점이다. 학교민주주의 실현은 학교교육의 시작이라고 할 수 있다.

(4) 학생

이제까지의 교육이 가르침에 중점을 두었다면, 앞으로는 배움 위주의 학습으로 바뀌고 있다. 학습자가 배움의 주체로서 자신이 배워야 할 내용과 방법 등을 능동적으로 결정하지 못하고 수동적으로 받아들여야만 하고 있다. 배운 바를 학습하고 적용하고 실천하는 주체가 학습자임을 감안하면 이러한 학습자의 수동적 입장은 학습 효과 면에서 매우 불리하게 작용하고 있다. 심지어 학습자는 자신의 진로마저도 학부모나, 교사 또는 사회로부터 강요받고 있다. 학습자치와 진로에 대한 자기결정권 확보가 학생에게 필요하다.

학생은 새로운 시대를 살아가기 위해 신학력을 가져야 한다. 신학력이란 학교교육을 통해 길러진 교과 학업성취는 물론 존엄한 인간으로 살아갈 수 있는 역량과 더 좋은 사회를 만들어갈 수 있는 민주시민적 힘이다.[26] 이것은 학생으로서는 필수 조건이자 생존 전략이다. 더불어 교육자치는 학생이 갖는 교육의 기본권을 확보하는 측면에서 매우 유의미한 것이다.

(5) 최종 목적

교육자치는 교육의 지방 분권을 추진하는 데서 출발한다. 중앙정부가 가지고 있는 교육적 권한과 사무를 교육청에 이양하는 것이다. 이러한 교육행정의 위임을 통해 헌법에 제시된 교육의 자주성과 전문성을 보장한다. 교육자치의 하위 개념인 지방교육자치와 학교민주주의를 구현하게 된다(지방교육자치와 학교자치). 학교자치는 학생의 교육 받을 권리를 실질적으로 보장하고 이를 확대하는 것을 의미하며 학습자의 학습에 대한 결정권을 보장하고 확대하는 것을 추구한다(학습자치). 교육자치는 교육의 목적을 달성해야 하며 그것은 민주시민 양성과 주민의 삶의 질 향상이며(삶의 자치), 이것이 교육과 교육자치의 궁극적 목적이 된다.

---

26) 성열관 외(2017:.96)

<표 12> 주체별 교육자치의 목적

기관	교육자치의 목적	
	주체별 목적	최종 목적
중앙정부	중앙정부의 교육에 대한 의무 수행 지방의 균형 발전	민주시민교육 육성 → 주민의 삶의 질 향상 (삶의 자치)
지방교육정부	특색 있는 지방교육행정 구현(지방교육자치) 학교 중심의 행정력 강화	
학교	학교의 본질 회복 학교민주주의 구현(학교자치)	
학생	학습 자치 실현(학습자치) 교육의 기본권 확보	

3. 결론

　교육을 바꾸고 자기 삶을 바꾸는 변화는 필요의 문제이자 곧 힘의 문제라고 할 수 있다. 그 힘을 교육 권력이라고 한다면 그러한 교육 권력은 어디서부터 왔을까? 국가 권력의 힘은 시민이 대통령에게 위임한 것으로부터 시작된다. 그 권력 일부를 교육부에게 위임한 것뿐이다. 교육부가 지닌 중앙 집중과 관료중심의 문제, 그리고 지방자치단체의 교육에 대한 비전문성의 문제를 해결하고자 교육 분야에서 선출직 교육감이 탄생되었다. 그 역시 지역 주민의 힘을 교육감에게 조금 위임한 것에 불과하다. 그리고 그것을 교육청 관료들에게 조금 위임한 것뿐이다. 학교장은 대통령과 교육감으로부터 그것을 위임 받았다. 5.31 교육개혁 이후 학교장에게 위임하는 것이 학교자치라고 오해하기도 하였다. 교사는 교실 또는 수업이라는 한정된 공간 내에서 아주 작은 것을 위임 받았다. 이 모든 것은 시민에게서 위임받은 것으로부터 시작함에도 오히려 시민이 그 권력에 위협받고 있다. 시민에게 다시 권력을 돌려주어야 한다.

　학부모로 대표되는 주민이 자신들의 아이들 교육을 국가와 교육기관에 법적으로 위임했으나, 학생들은 자신들의 의사결정권을 맡긴 적이 없다. 자신들의 동의 없이 만들어진 헌법과 법률, 훈령 등 각종 법령과 그것을 뛰어넘는 교칙에 기속되어 자치적 삶을 빼앗겨 왔다. 교사 역시 교육에 있어 가장 큰 비중을 차지하는 현장전문가이면서도 학교교육과정, 교육정책에서 있어서 자기주도적 결정권을 행사해오지 못하고 있다.

전국적인 통일성이라는 미명 하의 획일성을 진정한 다양성으로, 국가-지방교육정부-학교-개인의 하향식 교육행정과 교육정책 집행이 아닌 주민 개인의 의견을 반영하는 상향식으로, 정치·경제적 요구에 좌우되어 학교의 자율성과 교육의 본질이 훼손되었던 과거에서 학습자 중심의 교육의 회복을 위해서 교육자치는 요구되고 있다. 우리가 그리는 상은 결국 주민의 행복을 위해 주민 스스로가 교육에 대한 자기결정권을 가지고 참여하며 실천하는 것이며, 교육자치를 통해 자기 삶의 자치를 이루어내는 것이며, 그 과정에서 민주시민이 되는 것이라고 할 수 있다.

III. 교육자치의 원리

학습자에게 본래의 권리를 돌려주자.

1. 교육자치의 원리

가. 교육의 기본원리

교육자치의 원리를 법적인 면에서 보면 우선 헌법 제31조제4항은 교육의 자주성, 전문성, 정치적 중립성을 보장한다. 교육기본법 제5조제1항은 교육의 자주성과 전문성 보장과 지역 특수성에 맞는 교육을 실시해야 한다고 나와 있다. 지방교육자치에 관한 법률 제1조에는 교육의 자주성 및 전문성과 지방교육의 특수성을 살려야 한다고 명시되어 있다. 교육의 자주성과 전문성, 정치적 중립성, 특수성 등 주로 성격적인 측면을 다루고 있다. 교육자치의 원리를 직접 언명한 것은 헌법재판소 판례이다. 헌법재판소는 지방교육자치의 기본원리로 주민참여의 원리, 지방분권의 원리, 일반행정으로부터의 독립, 전문적 관리의 원칙을 들고 있다.[27]

학계에서도 이와 크게 다르지 않다. 1963년부터 김종철이 제기한 1) 지방분권, 2) 주민통제, 3) 일반행정으로부터의 독립(또는 자주성 존중), 4) 전문적 관리가 가장 대표적으로 제시되고 있다.[28] 이후의 논의들도 여기에

---

27) 헌법재판소 판결문(2002.3.28.) 2000헌마 283.778(병합).

28) 김종철(1963). 원리면에서 고찰한 우리나라 교육자치제의 문제점. 중국어문학논집 14. 나민주(2018:27)에서 재인용.

서 상이하지 않다. 지방교육자치의 원리는 주체적인 제도를 설계하는 기반이자 제도의 평가 기준이 된다. 또한 지방교육자치의 거의 모든 이슈 및 논란과 밀접하게 관련되어 있고, 사안에 따라 매우 민감한 주제가 되기도 한다. 지방교육자치의 원리가 전술한 네 개 원리를 기본으로 하여 오랫동안 고수되어 왔으나, 환경의 변화에도 불구하고 여전히 시대적 적합성을 가지고 있는지 재검토하고 재정립할 필요가 있다.[29]

교육 자치의 기본 원리	성격[30]	헌법적 가치	교육의 자주성		포괄적 이양의 원칙
			교육의 전문성		종합적 행정의 원칙
			정치적 중립성		
		지방자치의 가치	지방 분권	→ (원칙)	정치적 책임의 원칙
			주민 참여		
	운영		조화		학생 목적의 원칙
			효율		주민 참여의 원칙

[그림 5] 교육자치의 기본원리와 원칙

---

29) 나민주(2018).

30) 김민희 외(2018:38)는 지방교육자치의 기본원리를 헌법적 가치와 지방자치의 가치로 나누어 설명하고 있다. 미군정 이후 교육자치는 민주적 성격을 지녀왔다. 민주적 성격은 지방분권과 주민 참여가 그 근간을 이루어왔다. 1962년 12월 26일에 공포된 제5차 개헌 헌법 제27조제4항에 '교육의 자주성과 정치적 중립성은 보장되어야 한다.'를 통해 자주성과 중립성의 원리가 더해졌고, 1980년 10월 27일에 공포된 제8차 개정 헌법 제31조제4항에 전문성이라는 용어가 추가되었으며, 1987년 10월 29일에 공포된 제9차 개헌 헌법 제31조제4항에 대학의 자치를 명문화하였다.(물론 1949년 교육법에는 그 총칙에 국가와 지방자치단체는 교육의 자주성을 확보하며 공정한 민의에 따라 각기 실정에 맞는 교육행정을 하기 위하여 필요 적절한 기구와 시책을 수립 실시하여야 한다고 규정하였다. 제14조). 김종철(1963:4-7).

(1) 교육의 자주성의 원리

자주성 존중의 원리라고도 하며[31] 분리 독립의 원리라고도 한다. 교육 행정은 일반행정과는 그 목적과 대상이 다를 뿐만 아니라 그 효과면에서 도 좀 더 지속적이며 항구적이기 때문이다. 교육의 독자성을 강화하기 위해 교육행정을 일반행정으로부터 구조적으로 독립시키고 있으며 부분적으로는 기능적 협조관계를 강화하고 있다.[32] 이차영은 일반행정과의 구분 및 협응의 원리로 표현하기도 했다.[33] 교육의 자주성은 교육내용과 교육 기구가 교육자에 의하여 자주적으로 결정되고 행정권력에 의한 교육통제가 배제되어야 한다는 의미로 규정한다.[34] 교육자치에서의 자주성은 교수자와 학습자가 가르치고 배워야 할 내용과 방법을 다른 기관의 간섭 없이스스로 결정하고 실행하는 것을 기반으로 이를 지원하는 교육행정 역시 일반행정으로부터 독립되는 것이라 정리할 수 있다.

---

31) 윤정일(1992).
32) 송병주(1992:17).
33) 이차영(1997:119-156).
34) 권영성(2002:226).

(2) 교육의 전문성의 원리

전문적 관리의 원리라고도 한다.[35] 교육행정은 일반행정과는 달리 인간 행동의 변화를 본질로 한다는 점에서 성과가 비가시성을 띤다는 점, 활동의 대상이 인간이라는 점 등으로 교육전문가의 전문적 판단과 소양이 필요하다는 점을 의미한다.[36] 교육의 전문성과 특수성 때문에 이를 지원·조성해 주는 교육행정도 교육에 대한 깊은 이해, 전문적인 지식과 경험, 고도의 교육행정 경력을 갖춘 전문 인력들에 의해서 관리 운영되어야 한다. 교육행정의 전문성은 교육의 전문성과 불가분의 관계에 있으며 교육활동의 특수성을 전제로 교육행정의 특수성을 인정할 수 있게 된다. 교육감 직선제에서 교육감의 자격요건으로 교육경력을 요구하는 것으로 교육의 전문성을 확보하였다. 이는 교육자치와 일반자치의 분리 독립의 근거가 된다. 지방교육자치에서 가장 중요한 원리로 교육의 자주성과 전문성으로 제시되기도 한다.[37]

---

35) 윤정일(1992). 이차영(1997). 김흥주(2008)에서는 이렇게 표현하고 있다.
36) 윤정일(2014).
37) 주삼환 외(2015:243).

(3) 교육의 중립성의 원리

정치적 중립성의 원리라고도 한다. 교육이 국가권력이나 정치적 세력으로부터 부당한 간섭을 받지 않아야 할 뿐 아니라 교육도 그 본연의 역할을 벗어나 정치적 영역에 개입하지 않아야 한다는 것을 의미한다.[38] 한 마디로 정리하면 교육의 정치적 중립성의 의미는 교육 분야에서 정치적 영향을 배제하는 것을 말한다. 정치적 영향을 배제한다는 것의 한국적 의미는 정권의 부당한 압력과 정당정치의 부작용으로부터 교육을 보호하는 것으로 이해될 수 있다. 정책이라는 미명 하에 정권의 입맛에 맞게 교육행정을 좌우하는 것을 우리는 목도하였고 그 참담한 결과를 보기도 하였다. 또한 지방교육자치제도에서 교육감은 정당 가입자가 아니어야 한다는 자격 요건을 규정하고 있다.

헌법에 규정된 '교육의 자주성, 전문성, 정치적 중립성'이 지방교육자치의 원리로서 교육학계에서는 널리 인정되고 있으나, 일반행정학계에서는 이를 교사 내지 교육활동을 규율하는 원리라고 주장하면서 지방교육자치에 적용되는 원리로 인정하지 않는 경향을 보인다.[39] 하지만 여기서의 중립성은 교육자의 정치적 중립성을 의미하지는 않는다. 교육자의 정치적 성향은 헌법에서 보장하고 있다.

---

38) 권영성(2002:227).

39) 이기우(2001).

(4) 교육의 지방 분권의 원리

이차영은 권한의 수평적 분배에 대하여는 '일반행정과의 구분 및 협응'을, 권한의 수직적 분배에 대해서는 '적도분권(適度分權)의 원리'를 제기하였다.[40] 지방분권의 원리는 중앙집권에 대립되는 개념으로 중앙의 획일적인 지시와 통제를 지양하고 지방의 실정과 특수성을 감안한 교육정책이 수립되어야 할 뿐아니라 그 집행과정에서 지역적 특성을 감안하여 지역 간의 다양성을 최대한 허용하고 최소한의 통일성을 유지함으로써 교육 활동에 관한 지방주민의 자율과 자치정신을 신장해 나가야 한다는 것이다.[41] 교육에 대한 지방의 자율성을 보장하고, 지방교육자치의 가장 기본이 되는 원리로, 중앙정부가 일정한 지역을 단위로 지방자치단체를 인정하고 그 단체가 권한을 가지고 독자적으로 지방의 특성을 고려하여 지방 사무를 관장하여 운영하는 것을 의미한다.[42] 학교교육에서의 분권은 학교장 중심 권력을 해체하고 교직원, 학생, 학부모, 지역사회가 그 권한을 나누어 실행하는 것을 의미한다. 지방 분권에 대한 자세한 원칙은 다음 장에서 다루기로 한다.

---

40) 이차영(1997:150)은 적도분권이란 지역 실정에 부합하는 교육제도의 운영을 위해 그 권한을 각 자치구역에 적절한 정도로 분산시키는 것으로 지방분권과 의미상 다를 바가 없다고 말한다. 단지, 지방분권은 중앙집권의 상대되는 개념으로서 중앙정부의 영향력을 축소하고 자치단체의 규모를 세분화하는 것을 지향하는 '의도 함유 개념'으로 해석될 여지가 있다는 점을 지적하였다.

41) 송병주(1992:17).

42) 김민희 외(2018:40).

(5) 주민 참여의 원리

민주적 통치의 원리 또는 민중통제, 주민통제의 원리라고도 한다.[43] 지방 분권의 원리와 더불어 민주성의 원리라고 부를 수 있는 것으로서 교육자치의 본질에서 유래되는 이론적 귀결이다.[44] 주민 참여의 원리는 교육정책의 형성이나 대표자 선출에 있어서 주민에게 영향력을 행상할 수 있는 권리가 보장되며 이를 위한 제도적 장치가 마련되어야 한다는 것을 의미한다.[45] 지방교육정부가 지방교육사무를 수행하는 과정에서 주민들이 직간접적으로 참여하여 자신들의 권리를 위임하거나 행사하여 지방교육행정과 교육정책을 통제하는 것으로 정리할 수 있다. 학교교육에서의 주민 참여의 원리는 학교 운영에 학교 구성원들이 참여할 수 있는 제도적 장치를 마련하는 것을 말한다. 주민 참여의 원리를 민주성의 원리라고 하는데,[46] 주민 참여는 민주적 성격을 지나나 주민참여와 민주성이 등가가 될 수는 없다. 참여는 민주의 한 방식으로 이해되어야 한다.[47]

---

43) 이차영(1997)은 민주적 통치, 김홍주(2008)는 민중통제, 김종철(1991)과 윤정일(1992)은 주민통제로 제시하고 있다. 서울대학교 교육연구소(1994)에서 발간한 『교육학용어사전』에서는 지방교육자치제의 네 가지 원리 중에 주민통제의 원리를 관료주의적 통제와 대립되는 개념으로서 일정지역의 주민들이 그들의 대표를 통하여 교육정책을 심의 결정한다는 것을 의미하며, 민주국가에 있어 대의정치의 이념과 맥락을 같이한다고 정의하고 있다.

44) 김종철(1963:85).

45) 김혜숙 외(2011:33).

46) 표시열(2010:145-167).

47) 신현석과 이은구(1997:43-71)는 '주민참여를 위한 민주성'을 주장하였는데, 이는 주민 참여가 지닌 민주성의 성격을 인정한 것으로 보인다.

(6) 조화의 원리

견제와 균형의 원리라고도 한다. 헌법재판소가 지방교육자치와 관련된 판결문에서 자주 언급하는 민주주의·지방자치·교육자주의 조화가 지방교육자치의 원리로 인용되기도 한다. 현실적으로 이들 가치는 상호 간에 상충되는 측면이 있기 때문에 지방교육자치에 있어서 그 어떤 것도 절대시 하거나 반대로 소홀히 할 수 없다. 세 가지 가치 중 어느 하나만 강조되거나 반대로 무시될 때 지방교육자치제도의 본질적 침해에 이르게 되는 것을 의미한다. 전술한 원리에 더하여 조화와 균형의 원리를 추가적으로 이야기해야 할 것이다.[48] 조화의 원리는 교육자치의 기본원리이면서 원리들 간의 운영적 성격을 지니며, 권력 상호 간에는 견제와 균형의 의미를 가진다. 교육의 자주성, 교육의 중립성, 교육의 전문성, 교육의 지방분권, 주민참여의 원리를 실제 교육자치제도에 실현하는 과정에서 조화와 균형을 이루어야 한다는 것이다. 또한 중앙정부와 지방교육정부, 지방교육정부와 지방정부, 지방교육정부와 학교, 학교 내 구성원 간의 견제와 균형을 이루어야 한다.

---

48) 황준성(2020:67).

(7) 효율성의 원리

행정집행의 효율성의 원리,[49] 또는 능률성의 원리라고도 한다. 신현석과 이은구(1997)는 지방교육자치를 지역 주민의 관점에서 본다면 '교육행정의 능률성'이라는 이념적 정향성을 갖는다고 주장하였다. 능률성은 투입과 산출의 비율을, 효과성은 목표의 달성도를 주로 의미한다. 그동안 한국의 행정에서는 능률성이나 효과성이 지나치게 강조되었다고 할 수 있다. 수단 가치에 지나지 않는 능률성이나 효과성을 지양하기 위하여 행정 가치를 헌법가치에서 찾아야 한다는 주장도 있다.[50] 효율성의 원리도 조화의 원리와 마찬가지로 교육자치 기본원리의 운영적 성격을 띤다.

---

49) 표시열(2010), 김혜숙 외(2011).

50) 표시열(2010:149).

<표 13> 지방교육자치의 원리에 대한 학자들의 견해[51]

김종철 (1963)	김종철 (1991)	윤정일 (1992)	송병주 (1992)	이차영 (1997)	김홍주 (2008)	표시열 (2010)	김혜숙 등 (2011)	황준성 (2020)
분리 독립	교육의 자주성	자주성 존중	분리 독립	일반행정과의 구분 및 협응	자주성 존중	교육의 자주성	교육의 자주성	자주성 존중
전문적 관리	교육의 전문성	전문적 관리	전문적 관리	전문적 관리	전문적 관리	교육의 전문성	전문성	전문적 관리
	교육의 정치적 중립성					교육의 중립성	중립성	
지방 분권	분권 주의	지방 분권의 원리	지방 분권	적도집권의 원리와 민주적 통치	지방 분권의 원리	분권화	지방 분권	지방 분권
민중 통제	주민통제 민중통제	주민통제	주민 통제		민중 통제	주민 참여와 민주성	주민 참여	주민 통제
						행정 집행의 효율성	행정 집행의 효율성	
								조화와 균형의 원리

---

51) 김민희 외(2018:39)에 제시된 표를 수정·보완하여 제시하였다.

(8) 원리의 충돌과 대립

조화와 균형의 원리는 이미 교육자치 기본원리 간의 충돌과 대립을 전제로 하고 있다. 우선 충돌은 교육자치의 기본 속성에서 기인한 측면이 있다. 지방교육자치는 중앙권력에 대한 지방적 자치의 속성과 정치권력에 대한 문화적 자치의 속성을 지니고 있다. 이러한 이중의 자치 요청으로 말미암아 지방교육자치의 민주성 정당성 요청은 어느 정도 제한이 불가피하다.[52] 다음은 민주적 통제와 전문적 관리의 충돌이다. 주민 참여를 통해 교육정책을 민주적으로 통제하는 것과 교육이 지닌 특수성에 따라 전문적인 지식과 경험을 지닌 인력의 관리 사이의 갈등이 상시적으로 내재되어 있다. 교육감 선거에 있어서 교육경력을 포함하는 문제 등이 제기되고 있다. 정치적 중립성에서 충돌 가능성은 상존한다. 교육의 정치적 성격을 둘러싼 해석의 다양성은 교원의 정치활동의 규제인가, 교육의 정치로부터의 완전한 분리인가 등의 논란을 낳고 있다. 교육감 선출의 자격 요건에서 정당 관련성도 논쟁이 일고 있다. 그리고 지방분권과 효율성 사이의 충돌이다. 주민참여를 기반으로 한 지방 분권은 민주성의 확보로 행정이 원하는 효율성과 부딪힐 수밖에 없는 실정이다. 특히 교육행정은 비가시적이고 장기적인 성과를 추구하기에 가시적이고 단기적인 성과를 바라는 효율성은 힘들 수도 있다.[53]

---

52) 헌법재판소 판결문(2000.3.30. 99헌바113).

53) 물론 교육자치가 되었을 때 지방교육행정이나 학교의 문제가 현장성과 즉시성으로 인해 중앙집권적 교육행정보다 효율적일 수 있다. 교육자치 실제에 있어서의 문제는 여기에서는 교육자치의 원리 간의 문제를 다루고 있다.

교육자치의 원리는 상대적으로 대립되는 개념을 상정하고 있다. 교육의 자주성 원리는 교육의 외적인 영역으로부터의 영향을 배제하고 의존적인 성격을 탈피하고자 하므로 상호의존적인 원리와 대립된다. 또한 자주성이 가지고 있는 일반행정으로부터의 분리와 독립은 교육행정과 일반행정을 통합하려는 원리와 대립하게 된다. 교육과정, 교육내용, 교육방법 등에 대한 전문적 관리는 이를 부정하는 일반적 관리와 대립관계에 있다. 정치로부터의 교육의 중립을 지키고자 하는 원리는 정치의 영향을 직간접적으로 받을 수밖에 없다는 원리와 대립한다. 지방교육의 특수성과 다양성을 지키고자 하는 교육의 지방 분권의 원리는 교육의 전국적인 통일성, 표준화를 하려는 중앙 집권의 원리와 대립한다. 주민들 스스로 자신들의 문제를 해결하려는 주민 참여(통제)의 원리는 체계적이고 조직적인 관료들이 교육정책을 통제하는 원리와 대립관계를 이루고 있다. 교육자치의 기본원리와 상대적 대립원리를 정리하면 [그림 6]과 같다.

자주성의 원리	↔ 의존성의 원리
분리 독립의 원리	↔ 통합의 원리
전문적 관리 원리	↔ 일반적 관리의 원리
정치적 중립성 원리	↔ 정치적 영향의 원리
지방 분권의 원리	↔ 중앙 집권의 원리
주민 참여(통제)의 원리	↔ 관료 통제의 원리

[그림 6] 교육자치의 원리와 대립 원리

나. 교육의 지방 분권의 원칙

교육자치의 여러 원리는 다분히 상징적 성격을 지니는데, 교육의 지방 분권 또는 교육 분권은 실제성을 담보하는 원칙으로 작동하기에 그 의의를 획득한다. 교육의 지방 분권에 앞서 이미 실시하고 있는 지방 분권의 일반 원칙을 살펴볼 필요가 있다. 우선 독일의 경우는 보충성의 원칙·전권한성의 원칙·자기책임성의 원칙을, 미국은 경제적 효율성·재정적 형평성·정치적 책임성·행정적 효과성을 설정하고 있다.[54]

국내의 경우에는 법령의 규정 형식과 취지의 우선 고려, 사무의 성질이 전국적으로 통일적인 처리가 요구되는 사무인지 여부, 경비부담과 최종적인 책임귀속의 주체를 제시하고 있는 대법원 판례에서 찾을 수 있다.[55] 또한 지방분권 및 지방행정체제개편에 관한 특별법 제9조에서는 중복 배분 금지, 지역주민 생활 밀접 관련 사무의 지방자치단체 우선 배분, 포괄적 배분, 민간 행정참여기회 확대를 제시하고 있다.[56] 황준성은 불경합의 원

---

54) 미국의 정부간자문위원회(2009)

55) 대법원판례(2013.5.23.)

56) 지방분권 및 지방행정체제개편에 관한 특별법 제9조 사무배분의 원칙
　① 국가는 지방자치단체가 행정을 종합적·자율적으로 수행할 수 있도록 국가와 지방자치단체 간 또는 지방자치단체 간의 사무를 주민의 편익 증진, 집행의 효과 등을 고려하여 서로 중복되지 아니하도록 배분하여야 한다.
　② 국가는 제1항에 따라 사무를 배분하는 경우 지역주민 생활과 밀접한 관련이 있는 사무는 원칙적으로 시·군 및 자치구(이하 시·군·구라 한다.)의 사무로, 시·군·구가 처리하기 어려운 사무는 특별시·광역시·특별자치시도 및 특별자치도(이하 시·도라 한다.)의 사무로, 시·도가 처리하기 어려운 사무는 국가의 사무로 각각 배분하여야 한다.
　③ 국가가 지방자치단체에 사무를 배분하거나 지방자치단체가 사무를 다른 지방자치단체에 재배

칙, 현지성의 원칙, 종합성의 원칙, 경제성의 원칙, 행정의 지역총합성의 원칙, 주민의 행정참여의 원칙, 행정의 효율적 집행의 원칙을 제시하였다.[57] 본고에서는 이를 종합하여 포괄적 이양의 원칙, 종합적 행정의 원칙, 정치적 책임의 원칙, 학생 목적의 원칙, 주민 참여의 원칙을 제시하고자 한다.

<표 14> 교육의 지방 분권의 원칙에 대한 여러 견해

박재윤(2005)	김흥주 외(2013)	황준성 외(2018)	황준성 외(2020)
자치사무 귀속처리의 원칙	학부모와 학생의 편익 및 행정 집행의 효과성 최우선 고려 원칙	학생 학부모의 최대 이익의 원칙	학생 학부모의 최대 이익의 원칙
지방자치단체의 여건과 능력 고려 및 의사존중의 원칙	교육부장관과 교육감 권한의 중복성 금지의 원칙	지방교육자치 및 학교자치 구현의 원칙	지방교육자치 및 학교자치 구현의 원칙
일괄 이양의 원칙	학부모와 학생의 교육과 생활에 가장 밀접한 관련 사무는 교육감 부여의 원칙	국민적 요구 및 교육의 본질을 중시하는 보충성의 원칙	국민적 요구 및 교육의 본질을 중시하는 보충성의 원칙
사무배분기준 준수의 원칙	주민의 교육행정 참여를 증진시킬 수 있는 권한 배분의 원칙	중복성 배제를 전제로 한 전권한성의 원칙	중복성 배제를 전제로 한 전권한성의 원칙

분하는 때에는 사무를 배분 또는 재배분 받는 지방자치단체가 그 사무를 자기의 책임 하에 종합적으로 처리할 수 있도록 관련 사무를 포괄적으로 배분하여야 한다.

④ 국가 및 지방자치단체는 제1항부터 제3항까지의 규정에 따라 사무를 배분하는 때에는 민간부문의 자율성을 존중하여 국가 또는 지방자치단체의 관여를 최소화하여야 하며, 민간의 행정참여기회를 확대하여야 한다.

57) 황준성(2015).

주민의 복리 및 생활편의와 직결된 권한의 기초단위 우선 배분의 원칙	해당 사무처리에 소요되는 인력과 재정의 동시 이양의 원칙	재정적 배분의 병행 및 능력에 따른 탄력적 배분의 원칙	행정의 효율성 제고 원칙
능력에 따른 이양의 원칙		갈등 최소화를 위한 적극적 법제화 및 합법성 중심 감독의 원칙	재원 마련 및 재정 부담의 주체에 대한 고려의 원칙
최소 감독의 원칙			
행정 재정적 지원 병행의 원칙			
중복 배분 금지의 원칙			
민간의 행정참여기회 확대의 원칙			

(1) 포괄적 이양의 원칙

지방자치단체의 지방사무에 대한 입법방식에는 포괄주의(Negative system)와 위임방식(Positive system)이 있다. 포괄주의는 국가가 자신의 권한이라고 명시적으로 규정한 사항 외에는 전부 지방자치단체의 권한으로 인정하는 방식이다. 여기에는 헌법에 규정하지 않은 것 이외에는 전부 자치단체의 소관으로 보는 방식과 법령에 규정하지 않은 것 이외에는 전부

자치단체 소관으로 보는 두 가지 방식이 있다.[58] 포괄주의는 미국과 같은 연방주의를 표방하는 나라들이 택하고 있고, 열거주의는 일본과 같이 중앙집권적 국가에서 택하고 있다. 시·도는 유·초·중등교육에 관한 사무 중 국가와 학교의 권한과 의무에 속하지 않는 사항에 대하여 포괄적인 권한과 의무를 가진다. 따라서 시·도의 사무는 이를 위임방식으로 모두 열거하는 것은 적당하지 않고 가능하지도 않으며, 국가와 학교의 사무를 위임방식으로 먼저 제시하고 그에 속하지 아니하는 사항을 시도의 사무로 보는 포괄주의에 의해 규정하는 것이 타당할 것이다.[59]

포괄적 이양은 현지성 원칙, 보충성 원칙, 전권한성 원칙을 기반으로 하고 있다. 현지성의 원칙은 말 그대로 행정 현상이 일어나는 곳, 현지(현장)에서 처리해야 한다는 것이다. 기초자치단체 우선의 원칙이라고도 하며, 지방행정을 민주적으로 수행하기 위하여 주민통제가 용이한 기초자치단체에 가능한 한 많은 권한을 배분하여야 한다는 원칙이다. 지방행정은 곧 지방자치단체가 해결하는 것이 가장 효율적이라는 생각에서 비롯되었다.

보충성의 원칙이란 사회의 기능이 개개 사회구성원의 기능에 비하여 보충적인 것처럼 국가의 기능은 지방자치단체의 기능에 비하여 보충적이어야 하기 때문에 국가의 기능은 지방자치단체의 기능을 뒷받침해 주는 데 그쳐야지 지방자치단체의 기능을 무시하고 그것을 자신의 기능으로

---

58) 정영수 외(2009:7).

59) 정영수 외(2009:15).

흡수해서는 안 된다는 원리이다.[60] 지방자치단체가 지역의 모든 업무를 결정하고 처리할 수 있는 권한을 가지고 있다는 지방자치단체의 전권한 성을 전제로 국가와 지방자치단체는 이중적인 관할권이 있을 수 있는데 이 경우 보충성의 원칙에 따라 지방자치단체가 우선적으로 관할권이 인정되고 이것이 현저히 부적합한 경우에 한하여 국가의 관할로 한다는 것이다.[61][62]

헌법이 인정하고 있는 지방자치단체의 자치권에 대하여 전권한성(全權限性) 내지 전권능성(全權能性)이라는 표현을 하면서 헌법이나 법률이 국가나 그 밖의 공공단체의 사무로서 유보하지 않는 한, 지방자치단체는 지방적 공공사무에 대한 포괄적인 자치권을 가진다는 것이 일반적인 이론이다.[63]

포괄적 이양의 원칙은 교육지원청 자치와 학교자치에 근거가 되어 주며, 이러한 원리에 입각하여 학교와 교육지원청에, 더 많은 권한을 주어야 한다는 의미를 지닌다.

---

60) 허영(2008:794-795).

61) 이기우(2001).

62) 이에 대해 정필운은 반대 논리를 펴고 있다. 첫째, 소극적인 측면에서 보면 우리 헌법은 보충성의 원칙을 선언하고 있거나, 이와 같이 해석할 여지를 전혀 규정하고 있지 않다.(헌법해석론적 근거) 둘째, 국가와 지방자치단체의 권한배분의 문제는 국가권력구조를 근본적으로 변화시키는 중요한 사안이므로 신중하게 결정하여야 할 문제이므로 아직 구체적인 내용이 형성과정 중에 있는 보충성의 원칙을 도입하는 것은 신중하여야 한다. 셋째, 좀 더 적극적으로 보충성의 원칙은 현대 급부국가가 직면한 헌법 현실에서 국가가 헌법에서 부여된 과제를 달성하기에 적당한 권한을 가지도록 하는 권한 배분의 원리로서 기능하지 못한다.(헌법이론적 근거)

63) 김남진(2000:76).

한편 이양을 실질적으로 담보하기 위한 방안으로 법률 제정이 있는데 특별법을 제정한 후 개별법령을 개정하는 방안과 일괄법 형태의 법령을 제정하는 방안이 있다.

<표 15> 지방분권의 특별법과 일괄법 비교[64]

구분	장점	단점	비고
특별법 제정과 개별법령 개정	○프랑스, 일본, 한국(자치분권 특별법)의 선례 존재 ○특별법 제정에 대한 사회적 합의 도출 용이 ○지방교육자치를 추진하는 지속가능한 체계를 마련	○특별법에 개별 사무에 관한 내용이 없어서 개별법령 개정 시까지 구체적 사무 배분이 지연될 가능성이 높음	○사무 배분 원칙과 기준 등을 담은 특별법 제정과 특별법 취지에 따른 관련 개별법령 개정 추진
일괄법 형태의 특별법 제정	○구체적, 종합적 사무 배분 단계까지 도달	○개별법령 개정 조항에 대한 이견들을 모두 해소할 때까지 발생 시 일괄법 제정에 기간 소요 예정	○사무배분 원칙과 기준 등과 관련 개별법령의 일괄 개정 조항을 포함한 일괄법 형태의 특별법 제정 추진

_____
64) 교육자치정책협의회(2018:16)의 내용을 수정하여 제시함.

지금까지는 입법 추진의 효율성, 작동가능성을 고려하여 특별법 형태의 방안을 추진하였으나 지방 사무 이양에 관한 선례가 발생하여 일괄법 형태도 생각해 볼만하다.(중앙행정권한 및 사무 등의 지방 일괄 이양을 위한 물가안정에 관한 법률 등 46개 법률 일부개정을 위한 법률: 지방일괄이양법. 2020.2.18.) 일괄 이양이든, 개별적 이양이든 간에 현실적으로는 단계적 이양일 수밖에 없다.

(2) 종합적 행정의 원칙

종합행정의 원칙은 행정의 효율성을 강조한 원칙이다. 행정의 지역총합성의 원칙이라고도 하며, 국민의 편리를 위하여 또는 능률적인 처리를 위하여 종합적으로 행해져야 한다는 것으로서, 행정기획단계에서 실시단계에까지 총합적인 처리가 바람직하다는 원칙으로 행정을 종합적으로 추진하기 위하여 권한을 국가의 특별지방관서보다도 지방자치단체에 집중적으로 배분하여야 한다.[65] 이러한 특성은 행정의 효율적 집행의 원칙과 연결된다. 이는 행정기술적 관점에서 합리적, 능률적으로 집행되어야 한다는 원칙으로 앞선 경제성의 원칙과 유사하다. 경제성의 원칙은 행정의 능률적 집행을 위하여 권한을 각 단체의 규모, 행·재정 능력, 인구수 등을 고려하여 최소의 비용으로 최대의 효과를 도모할 수 있는 단체에 배분하여야 한다는 원칙이다.[66]

---

65) 김홍주(1999:287).
66) 최창호(1988:304).

(3) 정치적 책임의 원칙

정치적 책임의 원칙은 자기 책임의 원칙이라고도 하며, 또는 최종 책임 귀속 원칙이라고도 한다. 자치 사무의 귀속처리는 최종으로 책임을 지는 기관이 맡는다는 것을 의미한다. 국가는 지자체에 대해 최소 감독의 원칙을 견지한다. 이는 국가와 각급 지방자치단체가 그 사무를 처리함에 있어서 서로 경합하지 아니 하도록 사무의 소속과 그 처리의 권한 및 책임을 명백히 하여야 한다는 불경합성 원칙과 긴밀한 관계를 가지고 있다.[67]

(4) 학생을 목적으로 한 원칙

학생과 학부모의 최대 이익을 목적으로 한 원칙으로, 학생의 교육받을 권리 보장의 최우선 원칙이라고도 한다. 교육의 지방분권은 단순히 교육 행정의 효과성이나 경제적 효율성 등을 추구하는 것이 아니라 국민의 '교육기본권'의 실질적 보장 및 확대라는 헌법적 가치의 구현에 그 목적과 가치를 두어야 한다는 원칙으로, 이것은 모든 교육관계법이 따라야 하는 교육법의 제1원리인 '교육기본권 기속성의 원칙'과 그 맥을 같이한다.[68] 이는 원칙이라기보다는 목적이나 방향성에 더 가깝다고 할 수 있다.

---

67) 최창호(1998:304).
68) 황준성 외(2019:27).

(5) (주민) 참여의 원칙

주민의 행정 참여 원칙으로 입법단계뿐 아니라 행정집행의 단계에서도 주민들이 지방행정사무집행의 제반 과정에 참여할 수 있는 원칙이 보증되어야 한다는 원칙이다.[69] 민간 참여 확대 원칙이라고도 하는데 이는 교육자치의 원리와 중복된다.

---

69) 김흥주(1999:287).

2. 교육자치의 특성

교육자치의 방향으로 정영수 외(2009)는 분권화, 자율화, 전문화를 제시하였고[70] 김홍주 외(2005)는 학교혁신 지원 위주의 교육행정 기능과 역할 재정립, 지방 분권 강화, 교육행정기관의 조직과 인력운영체제의 효율화를 제시하였다.[71]

고전(2010)은 교육자치의 원리를 민주성과 능률성을 수정 원리로 제시하였고, 한국교육행정학회 회원을 대상으로 지방교육행정에서 중시해야 할 가치를 조사한 결과, 책무성, 자주성, 전문성, 민주성의 순으로 높게 나타났다는 점도 참고할 만하다.[72]

표시열(2010)은 지방교육자치의 기본가치와 주요쟁점을 첫째, 행정에서의 기본자치로 능률성(효과성), 민주성, 합법성을 들었다. 둘째, 지방자치에서의 기본자치로 분권성, 참여를 들었다. 셋째, 교육자치에서의 기본가치로 자주성, 중립성, 전문성을 들었다. 넷째, 헌법재판소의 입장은 민주주

---

70) 정영수 외(2009).

71) 김홍주(2005).

72) 임연기(2010:148).

의, 지방자치, 교육자주의 조화를 들었다.[73][74]

지금까지 교육자치의 원리나 방향, 성격은 법적인 측면에서의 자주성과 중립성, 전문성을 중심으로 접근하는 관점이나 경제적인 측면에서의 능률성, 효율성 중심의 관점으로 요약될 수 있다. 법적인 측면이나 경제적 측면을 고려한 것도 유의미한 접근이지만, 교육자치의 본질적인 부분에 도달했다고 보기는 어렵다. 자칫 행정의 기술적인 관점에 집중하는 오류를 범할 수 있다. 이 모든 원리를 교육의 관점에서 다시 살펴볼 필요가 있다. 교육자치는 교육의 변화, 교육을 통한 변화는 교육 현상에서 발생하는 교육 문제를 풀어나가는 데서 현실적인 작동가능성을 획득하게 된다. 즉 교육 공간이라는 생태계 속에서 교육자치는 교육의 문제를 해결해야 한다.[75] 여기서 교육자치의 특성이 도출된다. 첫째, 교육의 문제를 교육 중심으로 해결하려는 것으로 교육성이라고 할 수 있다. 둘째는 교육의 문제를 교육의 힘으로 해결하려는 것으로 자주성이라고 할 수 있다. 셋째는 교육의 문제를 민주적으로 해결하려는 것으로 민주성이라고 할 수 있다. 이를 정리하면 [그림 7]과 같다.

---

73) 표시열(2010).

74) 헌법재판소 판결문(2000. 3. 30. 99헌바113). 지방교육자치도 지방자치권한행사의 일환으로서 보장되는 것이므로 중앙권력에 대한 지방적 자치로서의 속성을 지니고 있지만 동시에 그것은 헌법 제31조 제4항이 보장하고 있는 교육의 자주성·전문성·정치적 중립성을 구현하기 위한 것이므로 정치권력에 대한 문화적 자치로서의 속성도 아울러 지니고 있다. 이러한 이중의 자치의 요청으로 말미암아 지방교육자치의 민주성·정당성 요청은 어느 정도 제한이 불가피하게 된다. 지방교육자치는 민주주의·지방자치·교육자주라고 하는 세 가지의 헌법적 가치를 골고루 만족시킬 수 있어야만 하는 것이다.

75) 교육자치는 목적이 아닌 수단이다.

교육의 문제를 교육 중심으로 해결하려는 것(교육성)
교육의 문제를 교육의 힘으로 해결하려는 것(자주성)
교육의 문제를 민주적으로 해결하려는 것(민주성)

[그림 7] 교육자치의 특성

가. 교육성

교육자치가 지니는 교육성은 교육의 본질에 충실해진다는 것을 의미한다. 더불어 학교의 본래 기능을 회복하는 것으로 이해할 수 있다. 그렇다면 교육의 본질, 학교의 본래 기능 회복은 어떻게 이루어지는가? 배움에 충실해야 한다는 것이며, 이는 곧 교육자치는 배움을 최우선 목적으로 설정할 때 달성할 수 있다. 교육자치는 교육부에서 교육청으로, 교육청에서 학교로 이어지는 업무의 내리 쌓임 현상을 극복하는 과제를 태생적으로 지니는 속성을 가진다. 학교는 교육행정기관이 아니라 배움의 공간이다. 교사, 학생, 학부모 모두 배움의 주체다. 배움에 대한 열정을 느끼고 이를 촉진할 수 있도록 역할을 수행해야 한다. 학교와 배움의 본질을 훼손해서는 안 되며, 교육자치로 손상된 기능을 회복해야 한다. 지방교육자치든, 학교자치든, 학습자치든 결국은 배움으로 그 목적이 귀결되어야 한다.

배움을 최우선 목적으로 하는 교육자치는 전문성을 획득해야 실효성을 발휘할 수 있다. 교육자치에서의 전문성은 교원의 수업 전문성과 교육행

정의 전문성이 있다. 교원의 수업전문성은 교육과정 리터러시, 수업 리터
러시, 평가 리터러시 등이 있다. 교육행정의 전문성은 교육과 학생에 대한
교육적 마인드, 교육정책에 대한 이해, 통합적 행정 등이 있다.

나. 자주성

　교육자치가 지니는 속성 중 하나인 자주성은 법률적인 측면에서 이미
언급했다. 여기서는 법률적인 것 외적인 면에서 다루고자 한다. 교육자치
의 자주성은 교육의 문제를 교육의 힘으로 해결하는 것을 말하는데, 이
는 두 가지 의미로 살펴볼 수 있다. 교육을 온전히 대하는 것과 교육 외적
인 것에 의존하지 않는 것이다.

　우선 교육을 온전히 대한다는 것은 교육하는 사람, 교육받는 사람인 교
수자와 학습자를 하나의 완전한 인격체로 보는 것이다. 교육자치를 이루
는 사람은 교사, 학생, 학부모, 지역주민이지만 배움이라는 커다란 가치
아래 이들은 교수자와 학습자라는 성격을 가진다. 수직적 관계가 아니라
수평적 구조에서 서로가 서로를 대등한 관계로 인식하고 대한다. 교육자
치는 바로 교육주체에 의해 실행되기 때문이다. 교육주체를, 교육주체가
완전한 존재로 인식하는 데서 교육자치는 출발한다고 할 수 있다. 주체에
의한 자치는 교육청자치, 학교자치, 학습자자치가 있으며 참여를 핵심적
가치를 두고 있다.

교육 외적인 것에 의존하지 않는다는 것은 누구로부터 독립되어 자율성을 지니는가의 문제이다. 먼저 기능이나 영역적인 부분에서는 정치와 종교 등으로부터 중립을 지키는 기능 자치인데 대학자치, 학교자치가 있다.[76] 지역 자치인 지방교육자치는 그 지역의 특수성과 지방분권을 핵심 가치로 두고 있다. 기관 자치는 지방의 일반행정기관과 구분되는 교육행정기관의 자치이다. 이를 정리하면 [그림 8]과 같다.

교육의 자주성

- 교육을 온전히 대하는 것   1) 주체 자치: 교육청자치,
　　　　　　　　　　　　　　　　학교자치, 학습자치

- 의존하지 않는 것   2) 기능 자치: 대학자치, 학교자치
　　　　　　　　　　　3) 지역 자치: 지방교육자치
　　　　　　　　　　　4) 기관 자치: 교육행정의 자치

[그림 8] 교육자치의 자주성에 기초한 교육자치의 영역

---

76) 기초단체에까지 교육자치가 이루어지지 않고 있다. 광역기초단체에만 교육자치가 인정되고 있다. 교육지원청까지 교육자치가 확대되면 지역 자치는 광역교육자치와 기초지역자치로 영역이 세분화될 것이다.

다. 민주성

　교육자치의 민주성은 교육자치의 자주성을 근간으로 한다. 교육주체를 온전한 존재로 인정하여 교육에서 자유와 평등을 실현하는 성격을 지닌다. 이러한 교육자치의 민주성은 목적, 내용, 절차와 방법의 세 가지 측면에서 교육의 민주화를 이루는 특성을 지닌다.

　교육자치의 목적은 민주시민 육성이라는 교육목표를 추구한다. 교육자치는 교육의 민주화라는 목적의 하나의 방법이다. 교육의 민주화도 중간 단계의 목적인데 궁극적 목적은 민주시민으로서 행복한 삶을 영위하는 것이다. 교육자치가 도달하고자 하는 삶의 자치도 주민의 질 향상이라는 목표를 위한 수단에 불과하다. 주민의 질 향상을 위해서도 민주시민교육이 필요하며 그 일환으로 교육자치가 요구된다고 할 수 있다. 내용에 있어서도 민주적인 것을 포함하고 있어야 한다. 교육자치를 운영함에 있어 민주적인 방법이어야 한다. 이는 1인 1표를 의미한다.

　리더라고 해서 권력을 자기 마음대로 행사해서는 안 된다. 선출직이라고 해도 권력을 주권자인 주민에게 위임받은 것이므로 주민의 뜻에 따라야 한다. 학교장 역시 주권자에게 위임받은 권력의 일부를 위임받은 사람으로서 한정된 권력을 사용하는 데 교육공동체의 뜻을 존중하여야 한다. 절차에 있어서도 민주적인 과정을 좇아야 한다.

참고문헌

• 고전(2010). 교육감 선거제도의 규범적 타당성 및 사실적 실효성 진단 연구. 교육법학연구 22⑵.

• 고전(2018). 한국 교육행정 교육자치제 원리에 대한 저술사적 논의. 교육행정학연구 36⑵.

• 고전(2018). 한국 교육행정·교육자치제 원리 논의, 그 연원에 대하여. 教育行政學研究 36⑵. 한국교육행정학회.

• 교육자치정책협의회(2017). 제2회 교육자치정책협의회 보도자료. 전국시도교육감협의회.

• 교육자치정책협의회(2018). 제3회 교육자치정책협의회 안건 1.

• 국정기획자문위원회(2017). 문재인 정부 국정과제.

• 곽노현(2020). 교육자치란 무엇인가. 교육자치 2차 포럼 자료집. 전국시도교육감협의회.

• 김민희 외(2018). 한국의 지방교육자치. 학지사.

• 김성천 외(2018). 학교자치: 학교 자치를 둘러싼 다양한 시선. 즐거운학교.

• 김성천 외(2019). 학교자치2: 교육공동체가 함께 만들어가는 학교민주주의. 테크빌교육.

• 김신일 외(2018). 국가교육위원회 설치 방안 연구. 국가교육회의.

• 김영환(2011). 헌법상 지방교육자치의 기본원리. 公法研究 40⑵. 한국공법학회.

• 김용일(2000). 지방교육자치의 현실과 이상. 문음사.

• 김종철(1963). 원리면에서 고찰한 우리나라 교육자치제의 문제점. 중국어문학논집 14.

• 金鍾喆(1991). 教育自治의 理念과 方向. 教育學研究 29⑴. 한국교육학회.

• 김재선(2016). 진정한 지방교육자치 보장을 위한 입법갈등 해소방안에 관한 연구. 지방자치법연구 52.

- 김혜숙 외(2011). 지방자치제도 개선방안 연구. 한국교육개발원.

- 김혜진(2020). 학교자치 실현을 위한 교원정책의 방향성 탐색. 교육자치 2차 포럼 자료집. 전국시도교육감협의회.

- 김흥주(1999). 교육행정 권한 배분에 관한 연구. 한국교육26(1). 한국교육개발원.

- 김흥주 외(2005). 학교 중심 지원체제 구축을 위한 교육행정체제 혁신방안 연구. 한국교육개발원.

- 김흥주 외(2013). 중앙과 지방 간 교육정책 갈등 해소 방안 연구. 한국교육개발원

- 나민주(2018). 한국의 지방교육자치론. 학지사.

- 남정걸(1992). 교육자치와 주민참여의 필요성. 교육자치 12.

- 朴炳樑(1986). 敎育自治制의 原理와 構成. 교사교육연구 13. 부산대학교 과학교육연구소.

- 박세훈(2018). 교육자치란 무엇인가? 교육자치 역량강화 직무연수 자료집. 전국시도교육감협의회.

- 박재윤(2005). 교육 분야 쟁점 관련 법령 분석 연구: 교육행정권한 쟁점 관련 법령을 중심으로. 한국교육개발원.

- 배상진(2000). 교육자치의 본질과 기본원리 고찰. 진리논단 5(4). 천안대학교.

- 송기창(2004). 지방교육자치와 지방자치의 통합 논리에 대한 비판적 고찰. 교육행정학연구 22(4).

- 송병주(1992). 지방자치와 교육자치:원리와 쟁점. 경남대학교교육문제연구소. 敎育理論과 實踐 2.

- 성열관 외(2017). 새로운 학력 개념 정립 및 구현방안. 전국시도교육감협의회.

- 신현석 이은구(1997). 지방수준에서의 거버넌스 문제와 교육. 교육정치학연구 4(1).

- 안주열(2005). 교육자치에 관한 헌법적 고찰. 법조협회. 법조 54(7).

• 유경훈(2020). 교육의 지방분권에 대한 요구분석과 교육자치 로드맵. 교육자치 2차 포럼 자료집. 전국시도교육감협의회.

• 이계탁(1994). 지역자치의 원리와 교육자치의 과제. 지역개발연구. 경희대학교지역문제연구부.

• 이수광 외(2015). 416 교육체제 비전과 전략 연구. 경기도교육연구원.

• 이승종(2004). 지방교육자치의 본질. 대한지방행정공제회 53.

• 이기우(2001). 일반지방행정과 지방교육행정의 관계. 地方行政硏究. 25(3). 한국지방행정연구원.

• 이기우(2011). 지방교육행정기관과 일반행정기관의 관계에 대한 비판적 검토. 한국지방자치학회보 13(2).

• 이차영(1997). 지방교육 자치제도의 기본원리와 운영구조-주장의 끝과 이론의 시작. 교육정치학연구 4(1).

• 임연기(2010). 지방교육행정체제의 발전방향에 대한 교육행정 전문가의 인식 분석. 교육행정학연구 28(4). 139-162.

• 정명임(2019). 교육을 받을 권리의 실현을 위한 지방교육자치제도의 개선방안에 관한 연구. 서강대학교 대학원 박사논문.

• 정영수 외(2009). 중앙과 지방정부의 교육에 관한 권한 배분 및 법제화 방안. 교육행정학연구 27(1). 한국교육행정학회.

• 주삼환 외(2015). 교육행정 및 교육경영. 학지사.

• 최창호(1988). 지방자치제도론. 삼영사.

• 표시열(2010). 지방교육자치의 기본가치와 주요쟁점. 교육법학연구. 22(1). 대한교육법학회.

• 헌법재판소 판결문(2000.3.30.) 99헌바113

• 헌법재판소 판결문(2002.3.28.) 2000헌마283778(병합)

- 홍섭근(2018). 교육자치를 위한 시도교육청 교육전문직군의 직무역량 진단도구 개발. 단국대학교 박사학위논문.

- 황준성 외(2018). 교육의 지방분권 추진에 관한 일괄법안. 한국교육개발원.

- 황준성(2015). 중앙과 지방의 교육행정권한 배분에 관한 연구. 교육법학연구 27(1). 대한교육법학회.

- 황준성 외(2019). 교육의 지방분권 추진에 관한 일괄법안 제정 방안. 전국시도교육감협의회.

- 황준성(2020) 교육자치 2차 포럼 자료집. 전국시도교육감협의회.

- 국립국어원. 표준국어대사전. stdict.korean.go.kr/(검색일:2019.4.15.).

- 네이버지식백과. 법률용어사전. www.naver.com (검색일: 2019.4.15.).

- 다음. 다음백과사전. 100.daum.net/(검색일: 2019.4.15.).

- 한국학중앙연구회. 한국민족문화대백과사전 encykorea.aks.ac.kr/(검색일: 2019.4.15.).

Ⅳ. 민선 3기
교육감 공약 분석

시민으로부터 위임 받은 작은 권력, 교육감
시민으로부터 위임 받은 더 작은 권력, 교장
시민으로부터 위임 받은 더 더 작은 권력, 교사

1. 서론

가. 목적과 필요성

5.31 교육개혁 이후 제기되는 교육의 변화를 4.16 교육체제로의 전환 속에서 어떻게 실행해 나가고 있는지를 확인하며 판문점 선언, 4차 산업혁명 등 격변하는 시대의 흐름을 교육계에서 어떻게 반영하는지를 파악하여 미래교육의 상을 그려보고자 한다.

2018년 6월 13일에 끝난 제7회 동시 지방선거에서 모두 17개 시·도의 교육감이 선출되어 4년간의 임기를 시작했다. 12명의 현직 교육감과 5명의 새롭게 당선된 교육감들이 제시한 공약들을 정리하여 지방교육 발전을 위해 무엇을 하려고 하는지 알아보는 것은 유의미한 작업이다.

주민 직선 2기 교육감들의 공과 분석을 토대로 만든 주민 직선 3기 교육감들의 선거 공약은 새로운 교육 발전 시대를 이끌어가기 위한 밑그림의 성격을 지니고 있어 교육계의 특성상 이행률이 높을 것으로 기대되며, 계승과 혁신의 차원에서 분야별 분석이 요구된다.

지방교육자치시대를 맞이하여 유·초·중등교육의 권한과 사무가 중앙정부에서 지방교육정부로 넘어오는 과정에서 전국시도교육감협의회의 역할이 증대되고 있는 시기에 교육감들의 공통 공약들을 함께 이행하는 공동의 노력이 필요한 바, 이는 사무국의 필수 업무라 할 수 있다.

지역마다 다른 교육청의 특색사업들을 공유하고 이를 전파하여 횡적 네트워크를 강화하면서 지방교육 자치역량을 한 단계 끌어올릴 수 있는 계기를 마련하고, 나아가 교육청 간 선의의 교육정책 경쟁을 유발할 수 있을 것이다. 이는 곧 새로운 연대의 시작이며, 새로운 공약 개발의 단초를 마련하기 위함이다.

나. 분석 내용과 방법

(1) 분석 방법

주제어 분석은 중앙선거관리위원회에 교육감들이 제출한 5대 공약을 중심으로 접근하였으며, 부족한 부분은 선거공약서를 활용하였다. 17개 시·도 교육감 당선자들의 5대 공약 85개를 유사 주제어로 묶어 횟수 순서를 매겼다. 이 키워드를 다시 계승과 혁신, 지역 특색이라는 분석의 틀로 6개 분야로 제시하였다.

분야별 공약 분석 역시 교육감들이 중앙선관위에 제출한 선거공약서를 바탕으로 선거공보물을 참조하였다. 주제어 분석에서 나온 5대 키워드를 정리하여 학교의 미래, 혁신과 협력, 주체에 의한 자치, 교육복지와 공공성, 교육행정의 5대 범주로 재분류하였다. 학교교육, 미래교육, 학교혁신, 지역사회 협력, 교육주체, 교육자치, 교육복지, 교육의 공공성, 교육행정, 기타의 10대 영역으로 중분류하고 40가지 소분류, 156개의 정책으로 세세부로 정리하였다.

기구 및 건축물 신설 분석은 분야별 공약 분석을 재구성한 내용 중에서 이번 선거에서 새롭게 설치하는 기구(위원회)나 설립하는 기관(건축물)을 뽑아서 정리하였다. 기구나 기관을 신설하는 원인이나 이유를 살펴보았다.

(2) 분석 내용

주제어 분석과 분야별 분석을 토대로 얻고자 하는 분석 내용은 다음과 같다.

주민 직선 3기 교육감들의 핵심공약이 어떤 내용으로 구성되어 있는지 전반적인 추세를 파악하고자 한다. 교육감들의 철학, 이전 시기의 정책, 시대정신이 고루 녹아 있는 공약들의 공통점과 차이점을 찾아내서 공동으로 추구하는 바를 통해 앞으로의 유·초·중등교육의 흐름이 어떻게 흘러갈 것인지를 확인하고자 한다.

교육감들의 핵심공약의 특징이 무엇인가를 밝혀내고자 한다. 각 교육감의 공약사항의 유사점과 변별점을 중심으로 그 양상이 어떻게 다른지를 점검하고 이전 시기와의 정책과 계승과 혁신의 측면에서 비교하고자 한다. 또한 지역만이 가지고 있는 특성을 알고자 한다. 이를 토대로 하여 우수 공약들을 공유하고자 한다.

공약들이 함의하는 바를 추정하고자 한다. 문면에 드러나는 공약의 의미 외에도 상황과 맥락 속에서 존재하는 의미를 찾아내서 분석하고자 한다.

다. 분석의 한계

공약이 갖는 비구체성과 공보물이 갖는 추상성에 기인한 근원적인 한계가 있다. 즉 교육감들의 교육철학과 정책 비전을 단지 문서상으로만 접근해야 하는 것이다. 교육감들을 직접 인터뷰하거나 공약설계자들과의 면담 없이 연구자의 해석에만 의존해야 했다.

아무리 좋은 공약을 제시했어도 공약 이행률과는 거리가 있는 것이 현실임을 감안하면 공약 분석만으로는 공약 수행 정도를 예측하는 것은 제약이 따른다. 2019년, 2020년 교육청 주요업무계획과 비교하는 작업이 반드시 필요하다. 또한 교육청에서 제시하는 공약이행정도와도 지속적인 비교와 확인이 요구된다.

공약서를 제작하는 과정에서 교육감 후보마다 정책 사안들을 묶는 카테고리 작업을 서로 다른 기준으로 접근하면서 분석 기준을 마련하는 데 어려움을 겪었다. 각 교육청과 다른 분석 도구를 본 연구자 임의대로 설정한 것도 한계를 노정한다. 같은 이유로 주민 직선 2기 교육감들의 공약과 비교하는 것에도 무리가 있다.

2. 주제어 분석

가. 5대 주제어 분석

중앙선거관리위원회에 주민 직선 3기 교육감 후보들(당선자들에 한함)이 제출한 5대 공약에 나타난 공약들을 주제어로 정리해 보면 〈표 Ⅱ-1〉과 같다. 세부 사항으로 들어가면 겹치는 부분도 있고, 교육감마다 사용하는 용어의 차이가 조금씩 달라 인위적으로 분류하여 제시하였다. 주제어를 빈도수별로 나열하면 다음과 같다. 무상교육을 포함한 교육복지(17회), 건강과 안전(15회), 미래학력을 포함한 미래교육(14회), 진로진학을 포함한 학력(9회), 학교 혁신(8회), 학교 민주주의(6회), 평화와 통일(6회), 지역사회 협력(5회), 공공성(3회), 청렴(2회), 교사 지원(2회), 문화예술체육(2회), 기타(3회) 등이다.

<표 16> 주민 직선 3기 교육감들의 공약 순위 모음

구분	공약 1순위	공약 2순위	공약 3순위	공약 4순위	공약 5순위
강원	기초학력 (미래학력)	교육복지	미래교육	건강 안전	지역사회
경기	경기 혁신교육	공정, 공평	학교자치	미래시대 (진로진학)	평화 통일 교육
경남	미래교육	교육복지 (정의)	혁신학교 (기초학력)	안전, 안심	인성, 평화
경북	건강, 안전	무상 급식	학생 인권, 교권	미래교육	진로 진학
광주	무상교육	미래교육 (진학)	학생문화 예술체험센터	평화통일 교육	대학입시 개편
대구	미래교육	교육격차 해소	안심	건강	학교자율 경영
대전	공정, 효율	안전, 건강	교육혁신	미래교육	교육복지
부산	미래교육	교육복지 (무상교육)	교육격차 해소	기초학력 (미래)	평화, 건강, 안전
서울	미래교육	학력, 공공성	안전, 평화	혁신교육	지역사회
세종	캠퍼스형 교육과정	유아교육 혁신	미래교육	교육복지	교사 지원
울산	청렴	무상급식	무상교육	학교 혁신	통학, 안전
인천	무상교육	혁신 미래교육	안심교육	지역사회	청정교육 (청렴)
전남	무상교육 (기초학력)	지역사회	안전, 건강	미래교육 (혁신)	학교 민주주의
전북	미래교육 (혁신)	교육복지	안전	학력(교사) 지원	교육 자치
제주	교육복지 특별자치도	안전, 건강, 복지	고교체제 개편	제주교육 공론화	미래교육
충남	교육복지	기초학력 (참학력)	안전, 평화, 건강	학교 민주주의	평생교육
충북	안전, 평화	미래교육 (학력)	문화예술 체육	교육 복지	지역 사회

이를 빈도수가 많은 공약들로 묶으면 계승과 발전, 특색의 세 가지 방향으로 재정리할 수 있다. 첫째는 교육의 본질에 해당하는 사항들로 주민 직선 1기, 2기 교육감들의 공약을 계승하는 기초학력과 진로진학, 교육복지, 학교 혁신, 지역사회 협력이 있다. 둘째는 세월호 참사 이후부터 4차 산업혁명과 최근의 판문점 선언에 이르기까지 사회 동향이 교육계에 반영된 사항들로 직선 3기의 발전적 공약인 미래교육, 안전과 건강, 평화와 통일교육, 학교 민주주의 실현이 있다. 셋째는 각 시·도교육청의 지역 현안 사업이나 특색 사업이다.

공약 1순위에서 빈도수 1위만 꼽으면 17개 시도 중 6곳에서 제시한 '미래교육'이다. 공약 1순위 빈도수 2위는 5곳에서 제시한 '교육복지'이다. 교육복지는 공약 2순위에서도 빈도수 1위를 차지한다.

나. 계승과 혁신 내용 분석

(1) 주민 직선 1기, 2기 계승 공약(교육의 본질적 공약)

<표 17> 주민 직선 1기, 2기 계승 공약(학력과 진로, 교육복지)

구분	학력과 진로	교육복지
강원	기초를 잡아주는 영어·수학 책임교육, 초등학력 안심교실/특성화고 업그레이드	공립유치원 확대/중·고교 교복비, 통학비, 고교수업료 제로/초등 돌봄 100% 책임운영제/교육복지와 행복지수 개발/원스톱 교육복지센터
경기	고교 평준화 확대	무상교육 단계적 지원/무상교육추진위 운영
경남	기초학력책임제/수학체험교육벨트/진로교육원	고교까지 무상급식 및 무상교육 실현/온종일 돌봄/지역별 교육격차 해소
경북	경북수학문화관 건립/전문기술인재 양성/대입상담 원격 영상 시스템 운영	유치원부터 고교까지 무상급식 확대/공사립 유치원 운영비 및 교육시설 개선비 지원 확대
광주	대학입시 개편/맞춤형 진로진학교육	고등학교 무상교육 전면 시행/교육복지네트워크 구축/협력적 돌봄체제 강화
대구	대입네비게이션센터, 진로진학취학지원센터 건립	중학교 무상급식/공립유치원 설립 및 돌봄유치원 확대/방과 후 수준별 수업의 질 향상
대전	기초학력 보장, 책임교육 완성/교육환경 취약 학교 집중 지원/대전진로진흥원 설립	유치원, 고등학교 무상급식 및 교복구입비 등 교육경비 지원 확대
부산	기초학력 보장, 책임교육 강화, 진로교육 지원센터/부산수학문화관 설립	공립유치원 신·증설/부산형 돌봄 자람터/초·중·고 수학여행비 지원, 생애첫교복, 고교무상교육
서울	교과별 학습보정제도 운영/학습지원 전문교사 배치/상담교사 모두 배치/서울학습도움센터/기초영어교육 대폭 강화	고등학교와 사립초등학교까지 친환경 무상급식 확대
세종	세종형 인재 인증제 도입/창의진로교육원 설립/평생학습관 추진/학업부진 제로 추진	고교까지 완전 무상교육/교육복지통합시스템 구축
울산	기초학력 책임 보장/울산진학정보센터 강화, 잡월드 수준의 직업체험센터 건립	초·중학교까지 학부모 부담경비 제로/고등학교까지 무상급식/공·사립유치원 무상급식

인천	국·영·수, 정보교과 기초학력보장제 운영/인천진로교육원 신설	고등학교 무상교육/중·고등학생 신입생 교복비 지원/공사립 유치원 유아 급식비 지원
전남	기초학력책임제/권역별 진로진학지원센터 운영	중·고 신입생 교복비, 100원 택시/고교무상교육
전북	기초학력 지원/외국어 교육지원센터 건립/학급당 학생수 감축, 교원 증원/허클베리핀 프로젝트	전 학교 무상급식/고교무상교육 단계적 실시/초·중·고 국내수학여행비 전액 지원/신입생 전원 교복비 지원/여학생 전원 생리대 지원
제주	초·중학교 기초학력지원체제 구축/학습심리지원관 채용/인 더 월드 수준에 맞는 진로 진학	2학기부터 고교무상급식 전면 실시/4대 질병 의료비 지원/미세먼지 대책/고등학교 무상교육 단계적 지원
충남	학교별 기초학력 책임지도제, 학습부진 원인별 맞춤형 프로그램 운영/수학체험센터/학교가 책임지는 영어교육/진로체험센터(시·군)	고교무상급식과 고교무상교육/생애 첫교복 무상지급 전면 실시/국·공립 온종일 돌봄 유치원 운영/사립유치원 지원 확대
충북	초등저학년 한글 문맹률 제로화/충북진로교육원 연계 체험형 진로교육 강화	유치원부터 고등학교까지 무상급식 추진/중·고 교복비 지원 대상 확대/초·중·고 현장체험 학습비 확대 지원

초등저학년 한글교육과 국·영·수를 중심으로 한 기초학력에 집중하였다. 이는 기초학력만큼은 교육청이 확실히 책임지겠다는 의지를 확고히 보인 것이다. 학력과 또 다른 날개를 이루는 진로진학에 대해서도 진학지원센터를 건립 및 확대하여 준비하고자 하였다.

유치원부터 고등학교까지 완전 무상교육을 목표로 단계적 지원을 추진하고 있다.

<표 18> 주민 직선 1기, 2기 계승 공약(학교 혁신, 지역사회 협력)

구분	학교 혁신	지역사회 협력
강원	읽고 쓰고 토론하는 미래교실/캠퍼스형 교육과정/생태교육	행복교육지구/마을 선생님 학교 교육 지원/시민사회 정책자문위원회
경기	학교 공간 혁명/다양한 학교 운영	혁신교육지구 모든 시·군으로 확대/꿈의 학교
경남	다양성 교육 확대/학생성장중심평가	혁신교육지구 확대/경남교육회의 설치
경북	경북형 미래학교 정책 수립	지역과 연계한 안전체험센터, 진로진학센터
광주	질문이 있는 교실 구현/교육과정 편성 운영 권한 학교 이양/4대 학교 혁신 지속 추진	광주교육시민참여단 설립/마을교육공동체 확산
대구	1학급(수업) 2교사제 도입	지역 기업 상생 입찰제도 운영
대전	학습자 중심의 맞춤형 평생학습 지원	대전학생문화회관, 대전청소년공원 등 수요자 중심 교육 기반 확충
부산	수업 환경의 변화에 따른 창의적 교실 구축/수업코칭센터/학교혁신대학원	부산다행복교육지구 확대/마을교육공동체/통합방과후센터 확대
서울	협력종합예술(영화, 연극, 뮤지컬) 활동 확대/학교를 창의적인 교육공간으로 혁신/개방-연합형 종합캠퍼스 교육과정 정착	마을과 함께하는 교육공동체/혁신교육지구 질적 도약
세종	캠퍼스형 공동 교육과정 확대/캠퍼스형 고교 개교/초등학교에 자유학년제 도입/학생개별성장발달을 지원하는 교육과정-수업-평가	세종행복교육지원센터 운영/마을교육공동체 조례 보완(지역교육위원회 구성)/지역교육화폐/온마을 교육과정
울산	혁신학교 운영/중·고등학교 프로젝트 수업 지원	울산교육회의운영/마을교육공동체/교육가족 참여예산제/민·관·학 거버넌스/혁신교육지구 지정

인천	교육과정-수업-평가 혁신/체력, 인성, 생존역량을 키우는 학교체육 교육과정 내실화	마을교육공동체/인천미래교육위원회/인천교육 광장토론회
전남	무지개학교 전면화/전문적 학습공동체 지원	전남교육자치위원회, 시·군교육자치위원회 운영/마을교육공동체 지원
전북	모든 학교를 혁신학교처럼/토론교실 조성 지원	주민 참여 공론화위원회 운영/민관 거버넌스를 시·군까지 확대
제주	혁신학교를 넘어 학교 혁신으로/넘버원 교육에서 온리원 교육으로	교육정책공론화위원회 운영/교육특별자치도 완성
충남	참학력 교육과정 운영/학생의 교과선택권 보장	마을교육공동체/지자체 도서관과 학교 도서관 통합운영시스템 구축/학교 텃밭정원 운영
충북	학교 혁신 일반화 단계 지원/혁신교육을 위한 미래형 교육 공간 조성	행복교육지구 운영/교육협동조합 설립 지원/지역 주민 참여예산제

주민 직선 1기, 2기 교육감들의 학교 혁신 성과를 바탕으로 혁신학교를 확대하려고 한다. 이전에 혁신학교가 없던 교육청도 지역에 맞는 학교 혁신 모델을 제시하고 있다.

학교 혁신과 마찬가지로 지역 사회와의 협력은 이전 시기의 성과를 기반으로 하고 있다. 혁신교육지구사업, 마을교육공동체사업을 지속적으로 추진하려고 한다. 나아가 교육행정에 지역 주민을 참여시키는 다양한 방안들을 제시하고 있다.

(2) 직선 3기 발전 공약(사회적 영향을 받은 교육)

<표 19> 주민 직선 3기 발전 공약(미래교육, 안전과 건강)

구분	미래교육	안전과 건강
강원	지역과 함께하는 작은학교 희망 만들기 시즌3/문화교육활성화	미세먼지, 라돈, 석면, 지진 공포 없는 학교/GMO 없는 학교 급식/통학 안전 조례/관계 중심 생활교육, 변호사 배치
경기	8대(예술, 자연, 미래, 과학, 인문, 인성, 역사, 통일) 현장 체험교육 강화	모든 학교에 상담교사 배치/교실 공기정화기 설치 및 방진마스크 지급
경남	미래교육 테마파크 조성/모든 초·중등학교 미래형 스마트교실 구축	학교 건물 내진 보강, 학교 석면 제거/미세먼지 대응시스템 구축/범죄예방환경설계 구축/NON-GMO
경북	창의 융합 인재 육성/코딩교육 강화	학교 안전요원 배치/공기청정기 설치/학교 실내체육시설 확대/친환경 로컬 푸드 급식
광주	4차 산업혁명에 대비한 교육체제 구축/5.18교육 전국화 및 역사교육 강화	미세먼지, 학교건물 내진 보강/GMO 없는 친환경 급식/회복적 생활교육 정착
대구	뇌과학 두뇌사고 기반 교육시스템/창의 융합교육과정, 소프트웨어-메이커교육 강화	공기청정기 설치/학교 시설물 24시간 안전 관리시스템/학교보안관 /친환경 식재료비 지원
대전	코딩교육, 메이커교육, 청소년앱개발자 육성/대전형 과학 융합교육 활성화	공기청정기 설치/대전에듀힐링진흥원/대전 청소년안전체험센터/고화소 cctv 및 심장 박동기
부산	미래교육센터 권역별 구축/메이커스페이스 조성/소프트웨어 교육지원센터/창의복합공작소 설립	관계회복중심 생활교육/GMO 없는 학교급식/석면천장 교체, 학교 내진 보강, 공기정화장치/옐로카펫/학생안전체험관

서울	서울 MOOC 스쿨 운영/메이커 교육 인프라 구축	공기청정기, 지진 대비, 석면 없는 교실/5무급식(GMO, 방사능, 농약, 첨가물, 항생제)/스쿨미투 긴급대책팀 운영
세종	스마트 교육환경 내실화/소프트웨어교육 및 코딩교육/융합과학교육원, 과학문화센터 건립	친환경, GMO 없는 급식 추진/드라이비트 건물에 대한 화재 걱정 해소/학교안전교육원 설립/학교폭력 대응 지원센터 운영
울산	융합교육 및 디지털 리터러시 교육/체험형 메이킹 거점학교/울산해양청소년수련원	유·초·중고 친환경 무상급식, GMO 없는 급식/미세먼지, 석면, 라돈, 우레탄 트랙 대비/인권옹호관/옐로카펫/학생 및 아동주치의
인천	스마트 러닝 교육시스템 구축/생태지향적 미래교실 구축/첨단 장비가 구비된 교실	관계회복 중심의 교육/학교폭력원스톱대응센터/미세먼지, GMO, 석면, 지진 대비
전남	전남형 미래학교(무지개학교+도서관+체육관+보건소+복지시설)/청소년 미래도전프로젝트	학교시설 안전책임제/미세먼지 대책/GMO 없는 친환경 무상급식/학교폭력 전담센터 설립
전북	알고리즘교육 초·중·고 연계교육/미래교실모델 개발	공기정화장치 렌탈 보급/유해물질(미세먼지, 라돈, 석면, 우레탄) 없는 학교/내진 설계 보강/GMO 방사능 없는 친환경 급식/학교폭력 대비
제주	IB교육 프로그램 도입 등 4차 산업혁명 시대 안정적 대비/전 학교 무선인터넷망 구축	내진보강, 석면제거 조기 완료/옐로카펫/학교체육관 건립 지원 확대
충남	생각을 키우는 코딩교육, 미래교육 등 손으로 만지는 메이커 교육 실시	학생 종합관리 일원화 체계 구축/학생마음건강치유센터 설치/내진 보강, 석면제거, 미세먼지 절감/라돈, 미세먼지 저감장치 설치
충북	미래형 학교모델 운영 확대/4차 산업혁명 대비 융합교육 강화	초록학교, 아토피 치유학교 확대/내진 보강, 석면제거

많은 교육감이 미래교육의 근간을 학교 혁신에 두고 있다. 즉 미래교육(학교)은 혁신학교의 미래화라고 생각하는 경향이 강하다. 여기에 정부에서 추진하고 있는 소프트웨어와 코딩교육을 결합하고자 한다. 나아가 메이커스페이스교육 등 4차 산업혁명을 대비한 공약들을 제시하였다.

안전은 학교 내로 보면 유해물질(미세먼지, 라돈, 석면, 우레탄) 제거 대책과 내진 보강 설계를, 학교 밖으로 보면 초등학교를 중심으로 한 등굣길 안전 대책을 제시하고 있다. 건강은 GMO 없는 친환경 급식을 약속하였다. 학교폭력은 관계 회복 생활교육을 중심으로 예방 대책에 방점을 두고 있으며 사후 대책은 학교폭력 전담센터 건립과 법률 개정을 제시하였다.

<표 20> 주민 직선 3기 발전 공약(통일과 평화, 학교 민주주의)

구분	통일과 평화	학교 민주주의
강원	남북 학생 수학여행 교류, 문화축전 개최	학부모 연수센터
경기	통일교과서 개발 확대/통일학교 설립/남북학교 간 자매결연/학생 문화 스포츠 교류	청소년교육의회 설치/학생참여예산제
경남	통일시대를 대비한 남북교육교류 사업 추진	학생참여예산제도/학부모교육원 설립
경북		
광주	남북학생교류/남북교원 학술교류/남북교류기획단 운영/광주형 통일교육	학교자체조례 제정 추진/학교 운영의 자율성 확대(단위학교 권한 배분, 학교교육권 보장)
대구		교육청 주관 학교평가 폐지/학교자율책임경영 보장
대전	통일, 세계시민교육 강화	학생자치활동 공간 설치/학교기본운영비 증액
부산	역사 현장 체험을 통한 올바른 역사의식 정립 및 평화통일교육	교권과 학생인권이 함께 존중되는 학교문화 조성 및 민주시민교육 강화
서울	평화 공존을 위한 남북교류 프로그램 운영/서울시교육청에 글로컬 평화교육 지원추진기구	학생참여예산제 확대/학생의 자치활동 강화/학생인권 종합발전방안 지속적 추진/학부모회 예산 지원 확대
세종	학생참여 참여중심 평화통일교육/학생 교직원 남북 교류협력사업 추진/국제교육교류센터	학생 교육정책 자문단 운영/교육자치 실현을 위한 특별법 제정/학교자치조례 제정
울산	통일을 준비하는 평화공존교육	학부모회 지원 조례 제정/교직원회의 학교 운영 결정권 강화

인천	남북 소년체전 유치/남북 수학여행/평화 교육과정 운영/남북중일 동아시아 역사 캠프	민주시민교육과정과 교재 개발/학생자치회와 학부모회 지원 강화
전남	평화통일 교육 실시	학생회의 예산 편성과 운영권 보장/민주시민교육센터
전북	평화통일교육 활성화 조례/교과용도서 제작 보급/남북청소년 평화통일축제 유치	교육주체가 참여하는 정책숙의제 실행/민주시민교육과 설치/학교자치조례 재의
제주	한라-백두 교육 교류 추진/4.3 평화 인권 세계시민교육 활성화 지원	학교 회계 자율성 확대/학교 기획형 사업 신청제 도입/세계시민교육
충남		학생회 자율적 운영 예산 확대/학교의 의사결정에 학생 참여 기회 확대/학부모단체와 협력
충북	통일을 꿈꾸는 평화교육과 교류 확대	학부모회 법제화/학생참여예산제/학교자치조례 추진/학생 학교운영위원회 참여

남북한 학생 및 교원의 교류 확대를 중점으로 한 통일교육을 제시한 교육청이 상당수였다. 동아시아를 넘어 국제교류협력 강화로 나아가는 추세이다. 이는 세계시민교육과 깊은 관련이 있다. 통일교육은 평화교육으로까지 이어지고 있다.

교육 자치와 학교 민주주의 실현 부분에서는 학생과 학부모의 참여를 보장하고 독려하는 방향을 주로 제시하고 있다. 이를 뒷받침하기 위해 학교자치조례 제정과 '민주시민교육과'를 설치하려고 하는 교육청도 있다.

(3) 주민 직선 3기 특색 공약<표 21> 주민 직선 3기 특색 공약

구분	지역 특색 공약
강원	교육복지 지표와 행복지수 개발/통일교육수련원을 평화교육원으로 확대 개편
경기	청소년교육회의 운영/ 통일교과서 개발/ 20년차 이상 모든 교사에게 유급 연구년제 운영
경남	미래교육 테마파크 조성/ 영어안심교육/ 신개념 복합문화공간 권역별 건립
경북	학교통학로 주변 공회전 금지 운동 홍보/ 4개 권역에 행복교육거점지원센터 구축
광주	광주학생문화예술체험센터 구축/ 4차 산업혁명 진로체험센터 구축/ 남북교류기획단 운영
대구	뇌과학적 두뇌사고 기반 교육시스템 구축/대구미래교육정책연구소 설립
대전	안드로이드 및 iOS용 대전교육청 앱(app) 개발/ 대전청소년체육공원 건립
부산	미래교육센터 권역별 구축/ 서술형 평가 정착을 위한 '평가지원센터' 설립
서울	협력종합예술활동 확대/ 자사고 및 외고의 일반고 전환 추진/ 시민 청원제도 추진
세종	캠퍼스형 고등학교 설립/ 세종형 인재 인증제 도입/ '교사대학' 추진
울산	공무원 부패비리에 대한 '원스트라이크 아웃제' 시행/ 울산교육정책연구소 설립
인천	청소년 문화복지 포인트제/ 국제교육혁신지구 운영/ '강화 생태 평화 역사교육지구' 활성화
전남	전남도 시·군교육자치위원회 운영/ 사립학교 공공성 및 자율성 강화를 위한 사학전담팀 운영
전북	교육과정 개발에 현직교사 참여 50% 의무화/ 여학생 생리대 무상 지원/ 해상안전체험관 설립
제주	IB 교육 프로그램 도입/ 제주교육 공론화위원회 운영
충남	학교마다 무궁화동산을 마련/ 나라사랑 꽃 피는 학교 조성/ 어르신을 위한 문해교육 확대
충북	초등저학년 한글 문맹률 제로화/ 공·사립 간 교육격차 해소

지역의 현안과 교육감들의 철학이 반영된 특색 사업들이 많다. 사업의 구체화와 이행, 검증을 통해 효과성이 인정되면 다른 지역과의 공유가 필요한 부분이다. 특히 대구와 울산의 교육정책연구소(가칭)는 이미 구축되어 활동하고 있는 전국교육정책연구소네트워크와의 긴밀한 협의가 요구된다.

라. 소결

이번 시·도 교육감들의 선거 공약의 특징은 교육의 본질에 대한 이전 시기의 성과를 바탕으로 교육 현안과 미래교육을 지향하려는 공통점에 있다. 그렇다면 지난 시기의 공과를 어떻게 평가할 것인지와 중장기적 관점에서의 미래교육에 대한 준비가 주요한 관심사가 될 것이다.

혁신학교, 혁신교육지구, 마을교육공동체, 새로운 학력 등의 성과와 한계를 분명히 하고, 지속적으로 추진해야 할 청렴, 안전과 건강, 교육의 공공성 강화, 교육과정 중심의 학교 운영, 교직원 업무 경감 등에 대한 명확한 방안들이 제시되어야 한다. 이를 위해 몇 가지 제안하고자 한다.

우선은 교육감들 간의 연대가 무엇보다 요구된다. 제시된 공약들은 대부분은 유사하거나 명칭만 다른 것들이 많다. 지역별로 특색 있는 몇몇의 세부적인 사항들을 제외하고는 대동소이하다. 추구하고자 하는 방향이 같은 공약사업들은 협력하여 운영할 경우 시너지가 높을 것이다. 또한 대입문제와 같은 주제는 교육감 혼자로는 추진하기 매우 어렵다. 이를 위해 전국시도교육감협의회의 위상과 기능을 강화하고 교육자치정책협의회가 소기의 성과를 이루도록 노력해야 한다.

현 정부의 출범으로 지방 자치에 대한 이해와 요구가 높아지고 있는 추세임을 감안하면 이 시기에 발맞추어 교육 자치와 학교 민주주의 실현을 위한 구체적인 로드맵을 준비해야 한다. 또한 공약 이행을 위해 국가, 지방자치단체와의 협력 관계를 고려해야 한다. 교육과정을 비롯하여 국가 사무의 권한 이양 준비가 필요하다. 이에 따른 교육 자치 역량을 강화해야 한다.

교육감 간의 공약은 선의의 경쟁과 연대적 협력으로 진행되어야 바람직하다. 학생 중심에 입각하여 최소한 교육복지와 학습복지가 유지되고, 업무의 공백 상태가 발생되지 않도록 해야 한다. 공약 이행의 구체성이 요구된다. 선거 공약집에 있는 것만이 공약은 아니다. 문서상의 공약을 넘어 후보자들의 교육 철학과 방향이 작동하는 공약으로 실천해야 한다.

3. 분야별 공약 세부 분석

가. 공약 분류의 기준

공약의 세부 내용은 어떤 맥락을 가지느냐에 따라 분류의 기준은 달라진다. 당연히 각 시·도 교육감들의 공약은 저마다의 카테고리를 형성하고 있다. 그것을 일정 기준에 따라 재분류하는 것 자체가 하나의 연구라고 할 수 있다. 앞의 주제어 분석의 결과에 따라 주요 빈도 어휘를 정리하였다. 미래, 혁신, 교육자치, 교육복지, 교육행정의 다섯 개였다. 이를 근거로 하여 17개 시·도 교육감들의 선거공약서의 모든 내용을 5개 범주로 묶으면 학교의 미래, 혁신과 협력, 주체에 의한 자치, 교육복지와 공공성, 교육행정이다.[77]

5대 범주로 대분류한 후 10개의 분야로 다시 중분류하였다. 학교의 미래에는 유·초·중등교육의 근간이 되는 학교교육과 새로운 시대 상황을

---

[77] 이형빈(2016)은 2014년 교육감 주요 선거 공약의 분석틀로 학교 안전 등 20개 영역과 99개의 주요 공약으로 정했다. 일목요연하게 20개 영역을 제시한 점은 유의미하나 영역과 영역의 관계가 무엇인지를 파악하기 어렵다. 주요 공약 역시 미세한 교육정책까지 다루었다는 비판에서 자유롭기 어렵다. 공통점보다는 차이점에 중점을 둔 인상을 보인다. 공약과 교육정책과제를 비교 분석한 것도 매우 유의미하다. 다만, 18개의 영역과 66개의 주요 정책사업으로 접근한 것은 비교의 대상이 맞지 않다.

준비하는 미래교육을 담았다. 혁신과 협력에는 학교교육의 혁신과 혁신의 확장을 위한 지역사회와의 협력을 담았다. 주체에 의한 자치에는 학교교육의 주체와 주체들에 의한 학교 자치까지를 담았다. 교육복지와 공공성에는 교육의 공공성 강화라는 측면에서 복지와 교육 현안을 묶었다. 교육행정에는 기타의 내용을 포함하였다.

이를 다시 40가지로 소분류하였다. 학교교육은 기초학력, 진로진학, 유아교육, 초등 돌봄 및 방과후학교, 특성화고, 특수교육, 다문화교육, 대안교육으로 분류하여 공통적인 사항을 묶었다. 미래교육은 미래교육 준비를 바탕으로 민주시민교육, 평화통일교육, 생태교육, 문화예술교육(인문교육), 놀이교육으로 분류하였다. 학교 혁신은 교육과정, 수업, 평가의 일체화를 통한 혁신과 지속되어온 혁신학교로 분류하였다. 지역사회 협력은 마을교육공동체와 주민과의 소통에 역점을 둔 지역과의 소통으로 분류하였다. 교육 주체는 교원, 학생, 학부모로 분류하였다. 교육 자치는 학교 자치를 기본으로 교원, 학생, 학부모 자치로 분류하였다. 교육복지는 교육비 경감을 주로 하여 무상급식, 교육복지지원, 청소년 지원, 교육환경 개선, 안전과 건강으로 분류하였다. 교육의 공공성은 학교의 교육 환경 개선, 고교문제, 대입제도로 분류하였다. 교육행정은 교육지원청 혁신, 행정업무 지원, 청렴, 비정규직 문제 해결로 분류하였다.

5대 범주, 10개 분야, 40가지 항목으로 분류한 후 세세부 영역의 156개 정책으로 나누었다. 소분류의 각 항목에서 유사한 정책들을 묶었으며, 항목이나 지역을 대표할 만한 교육정책이 있으면 넣었다. 일부 겹치는 공약들도 있었지만, 대분류, 중분류, 소분류의 기준에 따라 정리하였다.

<표 22> 분석 분류표

대분류 (5대 범주)	중분류 (10개분야)	소분류 (40가지 항목)	세세부 (156개 정책)
학교의 미래	학교 교육	기초학력	기초 학력 보장/기초 학력 종합지원시스템 구축 /학습 부진 학생 지원 방안/한글교육 강화/기초영어교육 강화/기초수학교육 강화
		진로진학	진로교육원(광역) 설립/진로진학정보센터 설립 및 확대/대학입시지원/중학교 진로교육 지원/직업교육 지원
		유아교육	공립유치원 확대/사립유치원 지원/돌봄유치원 확대/유아체험기관 설치 및 확대/숲 유치원 설치
		초등돌봄 및 방과후학교	초등 돌봄 확대/마을과 연계한 돌봄/방과후학교 지원
		특성화고	특성화고 지원/현장실습제도 개선/신설학교 및 신설학과 개설/교육과정 개발
		특수교육	특수교육 지원/특수학교 및 특수학급 확대/장애인 취업교육/특수교육원 설립/특수교사 확보
		다문화교육	다문화교육 지원/탈북민 지원/국제다문화교육원 설립
		대안교육	대안교육 지원/공립형 대안학교 설립/민간 위탁 대안학교
	미래 교육	미래 준비	소프트웨어 및 코딩교육/메이커스페이스/창의 융합교육(STAEM)/AI, ROBOT, VR, 3D/미래학교, 미래교실(스마트교실)/미래교육 지원센터
		민주시민 교육	민주시민교육 강화/세계시민교육/인권교육/노동교육/민주시민교육 전담 부서 설치
		평화통일 교육	평화 통일 교육 강화/남북한 학생 교류/남북한 교사 및 학부모 교류/평화교육
		생태교육	생태교육 강화/지역 평화교육과의 연계
		문화예술 교육/인문교육	문화예술체육교육 강화/문화예술공간 확보/인문소양교육 확대/체육교육 강화
		놀이교육	놀이교육 강화/놀이터 신설

혁신과 협력	학교 혁신	교육과정 혁신	공동 교육과정 운영/학생 선택권 강화(고교학점제)/자유학년제 확대/미래형 교육과정 개발/국제 수준 교육과정
		수업혁신	토론식 수업/학생 참여형 수업/프로젝트 수업/미래형 교실(미래 기술 활용)/수학문화관 설립
		평가혁신	과정중심 평가/서술형 평가 확대
		혁신학교	혁신학교 확대/혁신학교 질적 변화/행복교육지구 확대
	지역사회 협력	마을교육 공동체	마을교육공동체 확대/마을교육과정 운영/마을학교 교사제 운영
		지역과의 소통	시민과의 소통위원회 운영/지방자치단체와의 협력/지역 기업과의 협력
주체에 의한 자치	교육 주체	교원	교사학습공동체 지원/교원 업무 경감/교육중심 인사제도 운영/교권 보호 조례 제정/교권 보호 센터 설치/교원 힐링(치유) 센터 건립
		학생	관계 중심 회복 생활교육/변호사 배치 확대/범죄예방설계 환경 구축/학교 폭력 전담 부서 설치/학교 폭력 법률 개정/성폭력 대비
		학부모	학부모교육 지원/학부모 지원센터 운영
	교육 자치	학교 자치	학교 민주주의 실현/청소년 자치기구 구성/학교자치조례 제정/교육과정 편성권 학교 이양
		교원	교사회 법제화/교장(교감) 공모 방식 개선/교사의 학교 운영 참여 보장
		학생	학생회 법제화/학생의 학교 운영 참여 보장/학생회 예산 확대/학생의 정책 참여
		학부모	학부모회 법제화/학부모의 학교 운영 참여 보장

		교육비 경감	유치원 교육비 지원/학습준비물 지원/교복 구입 지원/교과서 구입 지원/체험활동비 지원/고교수업료 지원/고교 무상교육/통학비 지원
복지와 공공성	교육 복지	무상급식	유치원/중학교/고등학교
		교육복지지원	교육격차 해소 지원/교육복지 전담기구 설치
		청소년 지원	학교 밖 청소년 지원/청소년 문화생활 지원
		교육환경 개선	교실 환경 개선/급식 시설 개선/학교 공간 디자인 개선/화장실 공간 개선/도서관 환경 개선/운동장 개선(실내 공간, 숲)
		안전	유해물질 제거(미세먼지, 라돈, 석면)/교통안전/식품안전(GMO 제거)/영상정보처리기 확대/내진시설 보강/생존 수영/안전체험관 건립
		건강	학생 건강사업 지원
	교육의 공공성	학교 환경 개선	과밀학교(급) 해소/소규모 학교 예산 지원
		고교문제	고교 평준화 확대/자사고, 특목고의 일반고 전환/고교 교과 성적 절대평가화
		대입제도	대입제도 개선/수능 자격고사화/학생생활기록부 개선/지역균형선발 확대/국민 공론화위원회 구축/대학 서열화 완화
교육 행정	교육 행정	교육지원청 혁신	교육장 공모 및 확대/교육지원센터로 전환
		행정 업무 지원	교무행정 업무 축소/학교행정실 법제화
		청렴	부정부패 원스트라이크제 등/시민 감사관
		비정규직 문제 해결	학교 비정규직 교육감 직고용/비정규직 처우 개선
	기타		

나. 공약 분석의 실제

(1) 학교교육

<표 23> 학교교육 분야 공약 분석

학교교육	기초학력	기초학력 보장	강원, 경기, 경남, 대전, 부산, 서울, 세종, 울산, 인천, 전남, 전북, 제주, 충남, 충북
		기초학력 종합지원 시스템 구축	강원, 경기, 경남, 서울, 전남, 제주
		학습 부진 학생 지원 방안	강원, 경기, 경남, 서울, 세종, 울산, 충남
		한글교육 강화	강원, 경기, 경남, 전북, 충남, 충북
		기초영어교육 강화	강원, 경남, 서울, 인천, 전북, 충남
		기초수학교육 강화	강원, 경남, 인천
	진로진학	진로교육원(광역) 설립	경남, 광주, 대구, 대전, 세종, 울산, 인천, 충남, 충북
		진로진학정보센터 설립 및 확대	강원, 경기, 경북, 부산, 전남, 충남, 충북
		대학입시지원	강원, 경기, 경남, 경북, 광주, 대구, 부산, 전북, 충남
		중학교 진로교육 지원	경기, 대전, 전북
		직업교육 지원	경기, 경북, 전북
	유아교육	공립유치원 확대	강원, 경기, 경남, 광주, 대구, 부산, 서울, 세종, 울산, 인천, 전북, 제주
		사립유치원 지원	강원, 경남, 경북, 울산, 인천, 전북
		돌봄유치원 확대	경남, 대구, 인천, 충남
		유아체험기관 설치 및 확대	경기, 세종, 제주
		숲 유치원 설치	강원, 경남, 세종

학교교육	초등돌봄 및 방과후학교	초등 돌봄 확대	강원, 경기, 경남, 경북, 광주, 대구, 부산, 서울, 세종, 인천, 전북, 제주, 충남, 충북
		마을과 연계한 돌봄	강원, 경기, 광주, 서울, 세종, 인천, 전북, 제주, 충남, 충북
		방과후학교 지원	강원, 경기, 경남, 경북, 대구, 부산, 충북
	특성화고	특성화고 지원	강원, 경기, 경북, 광주, 대구, 대전, 부산, 서울, 세종, 인천, 전북, 제주
		현장실습제도 개선	강원, 경북, 광주, 대전, 전북, 제주
		신설학교 및 신설학과 개설	강원, 경기, 광주, 부산, 세종, 인천
		교육과정 개발	경기, 경북, 대구, 전북, 제주
	특수교육	특수교육 지원	강원, 경기, 경남, 경북, 광주, 대구, 대전, 부산, 서울, 울산, 인천, 전북, 제주, 충북
		특수학교 및 특수학급 확대	강원, 경기, 대구, 서울, 전북, 충북
		장애인 취업교육	강원, 경기, 대구, 대전, 부산, 전북, 제주
		특수교육원 설립	대구, 대전, 전북
		특수교사 확보	경기, 서울, 인천
	다문화교육	다문화교육 지원	강원, 경기, 경남, 경북, 광주, 대구, 대전, 부산, 서울, 세종, 울산, 인천, 전남, 제주, 충남, 충북
		탈북민 지원	경기, 경북, 광주, 대전, 인천, 충북
		국제다문화교육원 설립	경기, 충남, 충북
	대안교육	대안교육 지원	강원, 경기, 경남, 광주, 대구, 부산, 인천, 충북
		공립형 대안학교 설립	강원, 경기, 광주, 부산, 충북
		민간 위탁 대안학교	경남, 광주, 대구

기초학력을 책임지겠다 또는 보장하겠다는 공약은 경북, 광주, 대구를 제외하고는 모두 제시하였다. 대부분 기존에 있는 두드림학교나 학습종합 클리닉센터 등 기초학력통합지원 시스템 운영을 중점으로 하고 있다. 학습 부진보다는 학습이 느린 학생으로 표현하였다. 한글 교육은 초등학교 저학년(1-2학년)의 문해력으로 이해하고 있다. 영어교육은 초등 중학년(3-4학년)을 중심으로 강화하려고 하였다. 서울과 전남에서의 기초학력지원 전담 부서 설치, 경기의 AI를 이용한 접근, 서울과 제주의 학습심리전문가 배치가 돋보인다. 대구나 경북의 교육감보다 상대적으로 다른 지역의 교육감들이 기초학력에 더 많은 부담을 가지고 있다.

진로진학에 관한 공약은 17개 시·도에서 모두 하고 있다. 강원, 경기는 광역 단위에 진로교육진흥원을 설립하여 운영하고 있어 지역 단위가 필요하다. 다른 지역은 광역과 지역 단위를 설립하거나 확대하고자 한다. 대학입시전문가를 활용한 진로상담을 계획하고 있다. 중학교 진로교육이나 직업교육에 대한 지원은 상대적으로 취약하다. 경기의 꿈의 학교와 연계한 진로교육, 경북과 부산의 원격영상 또는 온라인 상담, 광주의 기숙사의 교육활동지원센터로의 전환, 울산의 예·체능 위탁교육 전담학교 신설, 제주의 국제화 진로 지원이 돋보인다.

경기, 경남, 세종, 울산의 유아교육 관련 공약이 구체적이다. 거의 모든 교육청에서 공립 유치원 확대를 통한 탈락 걱정 없는 유치원을 약속하였다. 사립유치원은 투명하게 운영하는 방향으로 급식비, 교사 업무 경감, 교사 처우 개선 등을 제시하였다. 서울과 인천은 공영형 사립유치원 확대를 통해 공공성 강화를 도모하였다. 경남, 대구, 충남은 야간 또는 온종일 돌봄유치원 확대를 제시하였다. 충남 등에 이미 설치되어 있는 유아체험센터의 확대 공약도 있다. 경기의 3년제 유아학교, 울산의 3-5세 연령별 수용 가능한 유치원은 유치원 학제 개편을 염두에 둔 것으로 보인다. 경남의 원아 안심 교통안전가방, 안전조끼 지급이 돋보인다.

초등돌봄은 경남, 대구, 충북이 비교적 구체적인 공약을 제시였다. 유아돌봄과 달리 거의 모든 교육청에서 초등돌봄 확대 약속을 하고 있다. 이미 2기에서 실시했던 마을교육과의 연대 체제를 갖춘 교육청도 많다. 방과후학교 지원의 양상은 방과후 강사 순회서비스, 프로그램의 다양화, 수준별 수업 등 다양하다. 강원의 방과후 돌봄 관련 운영 주체를 교육지원청 및 지자체로 이관 추진, 경남의 캠퍼스형 방과후학교 운영 등이 돋보인다.

강원, 경기, 제주가 특성화고 공약이 비교적 상세하다. 경남, 울산, 전남, 충남, 충북을 제외한 교육청에서 특성화 및 마이스터고에 대한 지원을 약속하고 있다. 안전 중심으로 현장실습제도 및 실습환경을 개선하겠다는 의지를 피력하고 있다. 특성화고의 신설과 학과 개편은 미래교육 지향도, 학생 선호도, 지역과의 연관성이 높은 방향으로 진행될 것으로 보인다. NCS 기반 교육과정 내실화를 꾀하는 교육청도 있지만 혁신적 교육과정을 개발하고자 하는 곳도 있다. 우선은 학교에 교육과정 자율권을 주는 것이 이루어져야 한다. 경기의 인권과 노동 중심 특성화고 지원, 제주의 학교협동조합 설립으로 교육-실습-생산, 판매의 일체화가 돋보인다.

세종, 전남, 충남을 제외하고는 특수교육에 대한 언급은 있었으나 대부분 구호성에 그치는 곳이 많다. 강원, 경기, 서울 정도가 비교적 구체화가 이루어졌다. 특수교육에 대한 공약으로 특수학급이나 특수학교의 설립으로 과밀학급을 해소하려는 노력을 제시하였으나 특수교사를 확보하겠다는 교육청은 경기, 서울, 인천뿐이었다. 특수교육진흥원으로 보다 전문성을 추구하려는 계획은 대구, 대전, 전북에서 엿볼 수 있다. 장애인의 직업교육과 취업에 대한 관심도 높아지고 있다. 강원과 경기의 장애인의 인권교육, 광주의 특수학교 상담교사 확대 배치 및 장애영아학급 신설, 부산의 시각 청각 장애 거점 센터에 수화통역사 배치, 서울의 비장애학생의 장애 공감 체험과 이해를 위한 교육과정 개발과 보급 등이 돋보인다.

전북을 제외한 모든 교육청에서 다문화교육 공약을 다루고 있으나 역시 대부분이 구호성에 그치고 있다. 경기, 서울, 충북 정도가 비교적 구체화가 이루어졌다. 경기의 경우 다문화 혁신학교 신설, 교육복지 및 진로 직업교육에 이르기까지 매우 상세하게 제시하고 있다. 부산은 유일하게 중도입국학생 입학 지원 강화를 제시하였다. 경기와 서울이 이중 언어 강사 확보를 공약함으로 보다 현실성에 가깝다. 충남 국제다문화교육원과 충북의 아시아교육문화센터 건립은 도 단위의 전문성 기관 확보를 약속한 것으로 보인다. 제주의 다문화가정 학생 조부모 나라 문화체험 지원 방안이 돋보인다.

거의 절반에 가까운 교육청에서만 대안교육을 공약으로 제시하였는데 강원과 경기를 제외하면 대안학교 설립이나 위탁교육 확대에 그치고 있는 정도이다. 강원은 전국 최초로 공립형 대안 초·중·고를 운영하고 일반학교 내 대안학급 운영 확대를 약속하였다. 경기는 공립 대안학교 확대와 미인 가 대안학교 지원 확대, 대안학교 학생 학교안전공제회 가입을 약속했다.

(2) 미래교육

<표 24> 미래교육 분야 공약 분석

미래교육	미래 준비	소프트웨어 및 코딩교육	경기, 광주, 대구, 대전, 부산, 세종, 인천, 전북, 제주, 충남
		메이커스페이스	경기, 경남, 경북, 대구, 대전, 부산, 서울, 세종, 울산, 전북, 충남
		창의 융합교육(STAEM)	경기, 광주, 세종, 인천
		AI, ROBOT, VR, 3D	경기, 경남, 경북, 부산, 세종, 울산
		미래학교, 미래교실 (스마트교실)	경기, 경남, 경북, 광주, 부산, 세종, 울산, 인천, 전북, 제주, 충북
		미래교육 지원센터	경기, 경남, 경북, 부산, 세종
	민주 시민 교육	민주시민교육 강화	경기, 경남, 광주, 부산, 서울, 세종, 울산, 인천, 전북, 충북
		세계시민교육	경기, 대전, 서울, 인천
		인권교육	광주, 서울, 울산, 인천, 전북, 제주, 충북
		노동교육	광주, 서울, 울산, 인천, 제주
		민주시민교육 전담 부서 설치	경남, 인천, 전남, 전북
	평화 통일 교육	평화 통일 교육 강화	강원, 경기, 경남, 광주, 대전, 부산, 서울, 세종, 울산, 인천, 전남, 전북, 제주
		남북한 학생 교류	강원, 경기, 경남, 광주, 서울, 세종, 인천, 전북, 제주
		남북한 교사 및 학부모 교류	강원, 경기, 광주, 서울, 세종, 전북
		평화교육	경기, 서울, 세종, 울산, 인천, 전남, 전북, 제주

생태 교육	생태교육 강화	강원, 경기, 광주, 세종, 울산, 인천	
	지역 평화교육과의 연계	강원, 서울, 인천	
문화 예술 교육 / 인문 교육	문화예술체육교육 강화	강원, 경기, 경남, 경북, 광주, 대전, 부산, 서울, 세종, 울산, 인천, 전북, 충북	
	문화예술공간 확보	경기, 경남, 경북, 광주, 대전, 부산, 세종, 인천, 전북, 충북	
	인문소양교육 확대	경기, 경남, 경북, 광주, 부산, 서울, 울산, 제주, 충북	
	체육교육 강화	경기, 경남, 인천, 충북	
놀이 교육	놀이교육 강화	경기, 경남, 서울, 울산, 인천, 제주, 충북	
	놀이터 신설	경기, 서울, 인천, 제주, 충북	

　미래교육 준비에서 강원과 전남을 제외한 모든 교육청에서 공약을 하였다. 미래교육에 대한 부분이 없다고 미래교육 준비가 없는 것이 아니라 학교 혁신을 미래교육으로 보는 경향으로 이해하는 것이 적절하다. 서울, 전북, 충남, 충북, 제주도 대략적인 방향만 제시하는 정도인 것이 이를 방증한다. 교육부 시책에 따라 운용되는 소프트웨어나 코딩교육은 공약에만 없을 뿐 모두 실행하고 있을 것이다. 메이커스페이스, AI, ROBOT, VR, 3D 등에 대해서는 보다 구체적인 내용이 요구된다. 창의 융합적인 방향보다는 미래를 위한 교실 공간의 재구조화, 학교 단위의 인프라 구축으로 옮겨가고 있음을 확인할 수 있다. 교실의 기능에 대한 재개념화를 통

해 학교와 교육청이 플랫폼 역할을 해야 한다고 인식하고 있다. 대전의 앱 개발자 육성, 울산의 디지털리터러시교육, 인천의 생태지향적 미래학교 구축 등이 돋보인다.

강원, 대구, 충남을 제외하고는 민주시민교육에 대한 공약을 제시하고 있으나, 이것 역시 누락된 것이라기보다는 민주시민교육도 공약이 아닌 지향점으로 판단한 것으로 보인다. 경남, 대전, 부산, 세종, 전남, 제주, 충북은 민주시민교육을 강화하겠다는 표현만 사용였다. 경기는 이미 실행하고 있는 시민교육교과서의 확대 운영, 광주는 5.18을 특화한 다양한 방안, 울산과 인천은 노동과 인권교육 방안, 충북의 인권감수성 함양 등이 돋보인다. 즉 민주시민교육이 지역적 특색과 노동 인권교육과 결합되어 구체화되어 가고 있음을 확인할 수 있다. 서울에 이어 경남, 인천, 전남, 전북에서도 민주시교육전담부서를 설치하는 노력이 확산될 것으로 예상된다.

최근 남북한 화해 무드를 발 빠르게 반영한 평화통일교육은 경북, 대구, 충남, 충북을 제외하고는 모든 교육청에서 제시하였다. 경남, 대전, 울산, 전남은 구호성에 그치지만 다른 교육청들은 남북한 학생 및 교원 교류를 적극적으로 표명하고 있다. 경기와 광주는 남북문제를 넘어 독도와 위안부 문제까지 공동 대응하려는 움직임을 보인다. 광주는 광주학생운동과 제주는 4.3과 연관한 공약을 제시하고 있다. 남북통일교육은 평화교육과 동북아, 국제교육으로 확장하려고 한다. 서울의 경우는 인권감수성과 평화감수성으로 접근하기도 한다. 서울과 세종은 통일교육과 평화교육 전담기구를 설치하려고 할 정도로 적극성을 보이고 있다.

강원, 경기, 광주, 세종, 울산, 인천만 다룰 만큼 생태교육은 중요도가 약해진 경향을 보인다. 강원, 경기, 울산의 공약이 비교적 상세하다. 강원과 서울은 DMZ 생태 평화체험 교육을 제안하고 있다. 인천은 강화 생태-평화-역사교육지구 활성화를 제안하고 있다. 경기와 울산은 동물사랑교육을 제안하고 있다. 광주와 울산은 탈핵문제를 넘어 에너지교육까지로 확장하였다.

대구, 전남, 제주, 충남을 제외한 모든 교육청에서 문화예술체육 지원 강화를 공약으로 제시하였다. 문화예술 공간 확보를 위한 방안들이 모색되었다. 광주, 대전, 부산, 세종, 전북은 청소년문화공간을 건립하고 세종과 울산은 청소년해양수련원을 설립한다. 서울은 협력종합예술활동으로 연극, 영화, 뮤지컬을 확대한다. 인문소양교육은 독서교육과 토론교육을 연계하여 제시하였다. 경기, 경남, 인천, 충북은 체육교육 강화를 제안하였다.

놀이교육 강화에 대한 약속은 경기, 경남, 서울, 울산, 인천, 제주, 충북만 하고 있다. 이는 주민 직선 2기 수준을 크게 넘지 못한다는 인식인 것으로 파악된다. 경남과 울산은 놀이 활동 시간 보장을 제안하였는데 이것은 다른 지역에서 이미 제시하였던 공약이다. 자연물을 활용한 기적의 놀이터 건립을 약속한 경기, 서울, 인천, 제주도 전남의 경우를 벤치마킹한 것으로 판단된다. 서울의 놀이터 건립 시 학생 참여 보장과 충북의 놀이문화 조성을 위한 놀이교육센터 설립이 돋보인다.

(3) 학교 혁신

<표 25> 학교 혁신 분야 공약 분석

학교 혁신	교육 과정 혁신	공동 교육과정 운영	강원, 경기, 부산, 서울, 세종, 전북
		학생 선택권 강화 (고교학점제)	강원, 경기, 대전, 부산, 서울, 세종, 전북, 제주, 충남
		자유학년제 확대	세종, 울산
		미래형 교육과정 개발	경기, 대구, 세종, 울산, 전북, 충남
	수업 혁신	국제 수준 교육과정	경남, 대구, 제주
		토론식 수업	강원, 경기, 인천, 전남
		학생 참여형 수업	경기, 부산, 충남
		프로젝트 수업	강원, 경기, 세종, 전북
	평가 혁신	미래형 교실(미래 기술 활용)	경기, 서울, 전남
		수학문화관 설립	경남, 경북, 부산
		과정중심 평가	강원, 광주
		서술형 평가 확대	대구, 부산
	혁신 학교	혁신학교 확대	강원, 경기, 경남, 광주, 부산, 서울, 세종, (울산), 인천, 전남, 전북, 제주, 충남, 충북
		혁신학교 질적 변화	경기, 경남, 광주, 서울, 전남, 전북, 충북
		행복교육지구 확대	강원, 경기, 경남, 부산, 서울, (울산), 인천, 충남, 충북

전남과 충북을 제외하고는 교육과정 혁신을 공약하였다. 지난 시기에 세종에서 시작된 공동교육과정 운영 및 캠퍼스형 교육과정 운영은 이제 다른 곳으로 널리 확산되었다. 아울러 문재인 정부의 교육 관련 국정과제인 고교학점제를 보완하여 확대 적용하려는 교육청도 있다. 경기의 경우 인문계고-특성화고-전문 직업 교육기관으로 연결되는 고교학점제 교육과정 운영을 법 개정을 통해 추진하고자 한다. 공동교육과정과 고교학점제 이 두 가지는 모두 학생의 선택권 확대에 중점을 두고 있다. 자유학년제는 2017년부터 이미 강원을 시작으로 2018년에 서울과 충남 등 여러 곳에서 확대하고 있다. 세종의 경우 초등학교에 자유학년제를 시범 도입하는 것과 전북의 경우 교육과정 개발에 현직교사 참여를 50% 의무화한 것이 돋보인다. 대구의 뇌 과학적 기반 교육시스템 구축이 이색적이다. 대구와 제주만 IB 교육과정을 제시하고 있다. 새로운 학력을 구현하는 교육과정 혁신이 이루어지고 있다.

수업 혁신은 울산을 제외하고는 모든 교육청이 제시하였다. 토론식 수업, 학생 참여형 수업, 프로젝트 수업, 질문이 있는 수업 등의 혁신은 이미 지난 시기에 제시하였던 것이다. 여기에 미래 기술을 활용한 교실 혁신까지 나아가고 있다. 특이한 점은 영남권 지역에서만 수학문화관을 설립하는 것이다. 이것에 대한 원인 규명이 필요하다. 수업 혁신을 위해 강원에서는 학급당 학생 수 감축이라는 구체적 대안을 제시하였다. 대구의 1수업 2교사제 도입도 이색적이다.

평가 혁신을 공약으로 제시한 곳은 강원, 경남, 광주, 대구, 부산, 제주이다. 이미 대부분 학생의 성장과 발달에 근거한 평가, 과정중심 평가, 서술형 평가 확대를 표방하고 있다. 부산의 서술형 평가 정착을 위한 평가지원센터 설립, 제주의 교사들의 학생평가권 보장이 돋보인다.

경북, 대구, 대전을 제외하고 혁신학교 운영을 처음 시작하는 울산과 13개 교육청이 확대를 제시하였다. 혁신학교의 질적 변화를 도모하고 있으며 이는 곧 미래학교의 모델로 보고 있다. 울산은 혁신학교 1.0을, 주민 직선 2기에 혁신학교를 시작한 충남, 충북, 인천, 부산, 경남, 세종은 혁신학교 2.0을, 주민 직선 1기부터 시작한 경기와 전북은 혁신학교 3.0을 준비하고 있다. 혁신교육지구의 확대도 혁신학교 확대와 궤를 같이하고 있다. 부산이 경기에 이어 혁신교육대학원을 운영하고자 하고, 인천이 국제교육교류도시로 거듭나겠다는 의지로 국제교육혁신지구를 운영하고자 하고, 학교+도서관+체육관+보건소+복지시설이 함께 있는 미래형 지역 공동체학교 설립을 목표로 한 전남이 돋보인다. 혁신학교를 이미 시작한 대전을 포함하여 대구, 경북의 경우도 이제는 혁신학교 운영과 확대를 해야 할 당위성이 있다.

(4) 지역사회 협력

<표 26> 지역사회 협력 분야 공약 분석

지역사회 협력	**마을교육공동체**	마을교육공동체 확대	강원, 경기, 부산, 세종, 울산, 인천, 전남, 제주, 충남
		마을교육과정 운영	강원, 경기, 서울, 세종, 울산, 인천
		마을학교 교사제 운영	강원, 경기, 세종, 울산, 인천, 제주, 충남
	지역과의 소통	시민과의 소통위원회 운영	강원, 경남, 대전, 서울, 세종, 울산, 인천, 전북, 전남, 제주
		지방자치단체와의 협력	경기, 서울, 세종, 울산, 인천, 전남, 전북, 제주, 충남
		지역 기업과의 협력	대구, 울산, 전남

마을교육공동체 확대에 대한 공약은 경북, 대구, 대전이 빠져 있다. 아마도 마을교육공동체에 대한 합의가 이루어지지 않은 것으로 예상된다. 마을교육공동체는 교육혁신지구사업과 매우 긴밀하게 연관되어 있어서 이를 먼저 실행한 지역에서 발전한 것이다. 다만, 광주, 전북, 전남도 빠져 있는 것은 이전 시기의 정책을 그대로 실천하려는 계획으로 여겨진다. 울산은 마을교육공동체 운영에 매우 적극적이고 구체적인 공약을 제시하고 있다. 마을교육과정 운영은 마을교육공동체와 분리될 수 없는 사업인

데, 이를 제시한 것은 학교에서 마을과 결합한 발전된 형태의 교육과정 운영을 의미하는 것으로 이해된다. 마을학교 교사 양성도 필수적 사업이다. 마을학교 교사는 학교 교사와 마을 활동가 둘 다 필요하다.

시민, 교육공동체(학생, 학부모)와 함께 교육 정책을 공론의 장을 이끈 것이 돋보인다. 강원의 시민사회 정책자문위원회, 경남도민 정책숙의 경남교육회의, 대전교육공감원탁회의, 서울의 정책숙려제, 세종의 교육정책 타운홀 미팅, 울산교육회의, 인천교육위원회, 전남교육자치위원회, 전북의 주민참여 공론화위원회, 제주의 교육정책공론화위원회가 있다. 지방자치단체와의 협력도 매우 구체적으로 이루어질 계획이다. 한 단계 나아가 지역 기업과의 연대와 협력을 제시한 대구, 울산, 전남의 공약은 지역 기업과의 상생은 물론 일자리 창출에도 효과를 기대하게 한다. 대구의 교복 지역기업 협력체제 구축, 세종의 지역교육 화폐 도입, 인천의 인천교육 1번가 홈페이지 운영, 충남의 지역환경단체와 함께하는 에너지전환교육이 돋보인다.

(5) 교육주체

<표 27> 교육주체 분야 공약 분석

교육주체	교원	교사학습공동체 지원	강원, 경기, 경북, 부산, 서울, 전남
		교원 업무 경감	강원, 경기, 광주, 대구, 서울, 세종, 울산, 전북, 충남
		교육중심 인사제도 운영	강원, 경기, 서울, 세종, 전북, 충남
		교권 보호 조례 제정	경기, 경북
		교권 보호 센터 설치	경기, (경남), 경북, 광주, 대구, (서울), (세종), 전북, 제주, 충남, 충북
		교원 힐링(치유) 센터 건립	경기, 경남, 광주, 서울, 세종, 전북
	학생	관계 중심 회복 생활교육	강원, 광주, 부산, 인천, 충북
		변호사 배치 확대	강원, 경기, 충남
		범죄예방설계 환경 구축	경남, 부산
		학교 폭력 전담 부서 설치	경기, 광주, 서울, 세종, 인천, 전남, 전북, 충남, 충북
	학부모	학교 폭력 법률 개정	경기, 서울, 전북
		성폭력 대비	경기, 광주, 대구, 서울, 인천
		학부모교육 지원	강원, 경기, 인천, 전북, 충남
		학부모 지원센터 운영	경남, 충남, 충북

교사학습공동체에 대한 지원을 약속한 곳은 강원, 경기, 경북, 부산, 서울뿐이지만 다른 곳도 이미 실행하는 정책이어서 공약에서 제외한 것으로 보인다. 교원학습공동체를 학점으로 인정하는 것(강원, 서울) 외에도 학습연구년 교사 확대, 생활권 연수 강화 등의 공약이 있다. 교원 업무 경감을 약속한 곳도 강원, 경기, 광주, 대구, 서울, 세종, 울산, 전북, 충남뿐이지만, 이것도 이미 실행하는 정책이다. 행정업무 경감에 대한 보다 구체적인 안을 제시한 것으로 보아 진일보했음을 알 수 있다. 교육중심의 인사제도도 여러 곳에서 이미 실행하고 있다. 주로 교장 공모제나 승진과 전보 제도의 합리적 개편 등이 제시되었다. 교권 보호 조례 제정은 경기와 경북에서 제시하였다. 교권 보호센터는 대부분의 지역에서 설치를 약속하였다. ( )는 교권호보팀 운영을 약속한 곳이다. 경기, 경남, 광주, 서울, 세종, 전북에서는 교원 힐링 및 치유센터도 약속하였다. 특히 광주와 전북, 인천은 교직원 책임배상 책임보험제를 신설하거나 확대하기로 하였다. 경기, 서울, 인천, 전북은 교원성과급제, 교원능력평가제도의 폐지 또는 획기적 개선을 제안하였다. 경남의 국제교육지원센터로 교사의 해외 체험 지원, 대구의 교육지원청에 학교갈등중재위원회 운영, 서울의 20년 근속 교사 1년간 유급 안식년제 도입, 전북의 교육지원청의 학교지원센터로의 전환, 제주의 교사 해외 및 국제학교 파견 근무 확대 등이 돋보인다.

학생에 관한 정책 중 학교 폭력에 초점을 맞추어 정리하였다. 학생과 관련한 다른 공약들은 교육 자치 부분에서 정리하였다. 제주를 제외한 모든 교육청에서 제시하였다. 강원, 광주, 부산, 인천, 충북에서는 관계 회복

중심의 생활교육으로 학교폭력의 해결 방향을 잡고 있다. 교권, 학생 인권을 위한 변호사 배치가 늘어나는 추세이다. 부산과 경남에서 범죄예방설계(CEPTED)를 반영하고자 하였다. 학교 폭력 전담 부서 설치도 많은 교육청에서 제시하였다. 경기, 서울, 전북에서 학교폭력에 관한 법률 개정을 제시하였다. 미투 운동과 관련하여 경기, 광주, 대구, 서울, 인천에서 성폭력 원스트라이크아웃제도 등 강력한 방안을 제시하였다. 대구와 부산에서 인성교육전문기관 설치를 공약하였다. 전북의 학교폭력피해자 학습의료지원체계 강화가 돋보인다.

학부모에 대한 공약은 교육과 지원센터로 요약된다. 다른 공약은 학교자치 부분에서 정리하였다. 강원과 충남 외에는 학부모교육의 필요성만 제시하였다. 강원은 자녀 성장 주기에 따른 맞춤형 교육과 마을로 찾아가는 학부모 교육, 경기는 좋은 부모교육 이수 인증제, 경남은 학부모 전문 연수기관인 학부모 교육원 설립, 인천은 학부모 독서 전문가 양성과정과 다양한 독서 지원 프로그램 운영, 전북은 학부모프로그램기획단 운영, 충남은 시·군별 학부모지원센터 활성화 강화, 충북은 학부모 성장지원센터 운영을 제시하였다.

(6) 교육 자치

<표 28> 교육 자치 분야 공약 분석

교육자치			
	학교 자치	학교 민주주의 실현	경기, 경남, 경북, 광주, 대구, 대전, 부산, 서울, 세종, 울산, 인천, 전북, 제주, 충남
		청소년 자치기구 구성	경기, 서울
		학교자치조례 제정	경기, 광주, 세종, 전북
		교육과정 편성권 학교 이양	경기, 광주, 서울, 세종
	교원	교사회 법제화	경기
		교장(교감) 공모 방식 개선	경기, 서울, 전북
		교사의 학교 운영 참여 보장	경기, 서울, 울산, 전북
	학생	학생회 법제화	경기
		학생의 학교 운영 참여 보장	경기, 경남, 서울, 충남
		학생회 예산 확대	경기, 경남, 서울, 울산, 충남
	학부모	학생의 정책 참여	경기, 경남, 서울, 세종, 전북
		학부모회 법제화	경기, 울산
		학부모의 학교 운영 참여 보장	경기, 경남, 광주, 부산, 서울, 울산, 인천, 제주

강원, 전남, 충북을 제외하고는 교육 자치 및 학교 민주주의 실현을 공약하였다. 경북은 학교 자율경영체제 보장만, 대구는 모든 평가체제를 학교 자율성을 존중하는 것으로 전환하는 것만, 대전은 학생 자치활동공간을 설치 운영하는 것만, 부산과 제주는 학부모의 학교 참여만을 제시하였다. 청소년 자치기구는 경기의 청소년교육회의, 서울의 학생참여위원회(서울시의 서울청소년회의)가 있다. 학교자치조례는 경기, 광주, 세종, 전북에서 제시하였다. 교육자치의 근간이 되는 교육과정 이양이나 자율적 편성·운영에 대해 언급한 곳은 경기, 광주, 서울, 세종이다. 교사회, 학생회, 학부모회 법제화를 모두 제시한 곳은 경기뿐이다. 서울, 경기, 전북에서 교장과 교감 공모제를 제시하였다. 경기의 경우 공모교장 선발 시 학생과 학부모 배심원단을 구성하고, 전북의 경우 교장선출보직제를 시범적으로 시행한다고 한다. 경기, 경남, 서울, 충남을 위주로 학생회실 지원, 학생회 예산 증액과 학생의 참여예산제를 약속하였다. 전반적으로 학생과 학부모의 학교 운영 참여를 위한 공약들이 주를 이루고 있다.

(7) 교육복지

<표 29> 교육복지 분야 공약 분석

교육복지	교육비 경감	유치원 교육비 지원	경기, 대전, 울산, 인천
		학습준비물 지원	강원, 경기, 경남, 경북
		교복 구입 지원	강원, 경기, 경남, 대전, 부산, 세종, 울산, 인천, 전남, 전북, 충남
		교과서 구입 지원	경기, 광주, 세종, 인천, 제주, 충북
		체험활동비 지원	강원, 경기, 경북, 광주, 부산, 세종, 울산, 인천, 전북, 제주, 충북
		고교수업료 지원	강원, 경기, 경남, 광주, 세종, 울산, 전북, 충북
		고교 무상교육	경기, 경남, 광주, 부산, 인천, 전남, 전북, 충남
		통학비 지원	강원, 전남, 전북, 충남, 충북
	무상 급식	유치원	경북, 대전, 서울, 인천, 전북
		중학교	경남, 대구
		고등학교	경북, 대전, 서울, 인천, 전북, 충남, 충북

교육 복지 지원	교육격차 해소 지원	강원, 경기, 경남, 광주, 대전, 세종	
	교육복지 전담기구 설치	강원, 경기, 광주, 세종	
청소년 지원	학교 밖 청소년 지원	경기, 경남, 경북, 광주, 대전, 서울, 세종, 울산, 충북	
	청소년 문화생활 지원	경기, 인천, 전북	
교육 환경	교실 환경 개선	강원, 경남, 경북, 대구, 부산, 서울, 세종, 인천, 전남, 전북	
	급식 시설 개선	경기, 울산, 충남, 충북	
	학교 공간 디자인 개선	강원, 경남, 인천, 충남	
	화장실 공간 개선	경남, 광주, 인천	
	도서관 환경 개선	경기, 부산	
	운동장 개선(실내공간, 숲)	경기, 경북, 대전, 서울, 인천, 전북, 제주, 충북	
안전	유해물질 제거(미세먼지, 라돈, 석면)	강원, 경기, 경남, 경북, 광주, 대구, 대전, 부산, 서울, 울산, 인천, 전남, 전북, 제주, 충남, 충북	
	교통안전	강원, 경기, 경남, 광주, 울산, 인천, 제주, 충남	
	식품안전(GMO 제거)	경기, 경남, 광주, 부산, 서울, 세종, 울산, 인천, 전남, 전북	
	영상정보처리기 확대	경기, 대전, 서울	
	내진시설 보강	강원, 경기, 경남, 광주, 부산, 서울, 울산, 인천, 제주, 충남, 충북	
	생존 수영	경기, 경남, 서울, 인천, 전북, 제주	
	안전체험관 건립	경기, 경남, 경북, 광주, 부산, 세종, 울산, 전북	
건강	학생 건강사업 지원	경기, 대전, 울산, 제주	

대체적으로 거의 모든 교육청에서 유치원부터 고교까지 무상교육 확대를 목표로 하고 있다. 유치원 교육비 지원은 경기, 대전, 울산, 인천에서 제시하였다. 초등학교 학습준비물 지원은 대부분 확대하는 경향을 보인다. 교복 구입은 중학교를 중심으로 생애 첫 교복 무상지급을 약속하였다. 경기의 경우 체육복 지원도 제시하였다. 교과서 구입비 지원은 아직까지 유상인 고등학교를 대상으로 한다. 체험활동비 지원은 초·중·고 전체를 대상으로 하는 곳은 많지 않다. 강원, 경기, 경남, 광주, 세종, 울산, 전북, 충북에서 고교 수업료 지원을 약속하였는데, 고교 무상교육을 약속한 부산, 인천, 전남, 충남까지 합하면 대부분이라고 할 수 있다. 강원, 전남, 전북, 충남, 충북은 지역의 특수성상 통학버스나 택시비 지원도 약속하고 있다. 전북과 광주의 경우 매우 구체적인 금액을 제시한 것이 인상적이다. 인천의 저소득층을 대상으로 한 졸업 앨범비 지원도 돋보인다.

대구에서 중학교 무상급식을 공약한 것이 이색적이다. 경북, 대전, 서울, 인천, 전북은 유치원에서부터 고등학교까지 무상급식을 지원하기로 하였다. 충남과 충북은 고등학교 무상급식을 약속하였다. 대부분 친환경 급식을 약속하여 학생들의 안전한 먹거리에 많은 관심을 두고 있음을 엿볼 수 있다.

교육 복지는 17개 모든 교육감이 전면에 내세우는 공약이다. 그중 교육 격차를 직접적으로 언급한 곳은 강원, 경기, 경남, 광주, 대전, 세종이다. 교육복지 전담기구 설치를 약속한 곳은 강원, 경기, 광주, 세종이다. 작은 학교 살리기는 경남, 인천에서 제시하였다.

학교밖 청소년 지원에 대해서는 경기, 경남, 경북, 광주, 대전, 서울, 세종, 울산, 충북에서 보다 적극적으로 약속하였다. 청소년 문화생활 지원은 경기, 인천, 전북에서 공약하였다. 강원의 교육격차 해소를 위한 교육복지 지표 개발, 경기의 선거 연령 18세 하향, 학교밖 청소년과 영유아를 포함한 아동청소년인권조례 개정이 돋보인다.

교육 환경 개선 공약은 주로 노후 시설 교체와 미래 교육 준비의 축으로 제시하였다. 강원의 교육청에 환경전문가 채용, 강원 중·고교실에 친환경 나무마루를 설치하겠다는 공약이 돋보인다. 도서관 환경 개선(경기, 부산)보다 더 오래되고 생활적인 문제인 화장실 공간 개선(경남, 광주, 인천)과 급식 시설 개선(경기, 울산, 충남, 충북)이 더 많아졌다. 운동장 개선은 체육시설 자체에 대한 개선보다는 학생 안전과 건강을 위한 실내공간 확보나 숲 공간 확보가 주를 이루고 있다.

학생 안전에 대한 부분에 가장 많은 공약들이 있고 구체적이다. 유해물질 제거(미세먼지, 라돈, 석면)에 대한 공약은 거의 모든 교육청에서 제시하였다. 미세먼지 해소에 가장 적극적이었는데 주로 공기청정기 설치와 방진마스크 지급이었다. 라돈과 드라이비트 건물에 대한 대비까지 제시하였다. 엘로카펫과 같은 교통안전에 대한 공약이 다수이다. 서울과 울산의 학교 청소 예산 지원 확대도 구체적이다. 유치원과 초등학생이 주로 대상인데 경남의 가방안전덮개와 안심우산, 광주의 교통야광반사판 지급, 울산의 재난 대응 안전모 지급이 돋보인다. 대부분의 교육청에서 친환경 급식을 제시하였고 특히 경기, 경남, 광주, 부산, 서울, 세종, 울산, 인천, 전남,

전북에서는 GMO 없는 식품 안전을 제시하였다. 방사능, 항생제, 농약 없는 급식을 제시하기도 하였다. 역시 거의 모든 교육청에서 내진 시설 보강을 약속하였다. 학교 폭력 대비를 포함한 학생 안전을 위한 영상정보처리기(CCTV)를 확대하고자 한 곳도 있다. 경기, 경남, 서울, 인천, 전북, 제주는 생존 수영을 제시하였는데, 이미 실시하고 있는 곳도 있다. 경기, 경남, 경북, 광주, 부산, 세종, 울산, 전북에서는 안전체험관 건립을 약속하였다.

(8) 교육의 공공성

<표 30> 교육의 공공성 분야 공약 분석

교육공 공성	학교 환경 개선	과밀학교(급) 해소	광주, 대전, 인천, 전북
		소규모 학교 예산 지원	인천
	고교문제	고교 평준화 확대	경기, 충북
		자사고, 특목고의 일반고 전환	경기, 서울, 전북
		고교 교과 성적 절대평가화	광주
	대입제도	대입제도 개선	광주, 서울, 전북
		수능 자격고사화	광주, 전북
		학생생활기록부 개선	전북
		지역균형선발 확대	전북
		국민 공론화위원회 구축	광주
		대학 서열화 완화	서울, 전북

교육의 공공성 제고를 위해 과밀학급 및 과밀학교 해소는 광주, 대전, 인천, 전북에서 제시하였다. 소규모 학교 지원 예산은 인천이다.

고교문제에서 고교 상향 평준화 확대는 경기와 충북에서 제시하였다. 대도시 지역과 충남 등에서 이미 실시하고 있으며 도시형 비평준화가 존재하는 경기와 청주 이후 최대 도시인 충주로 확대하려는 충북에서 제시하고 있다. 자사고와 특목고의 일반고 전환은 서울에서 매우 강력하게 주장하고 있으며, 경기와 전북에서 제시하였다. 주민 직선 2기 때도 줄기차게 전환을 요구한 사실이 있다. 광주에서 고교 교과 성적의 절대평가화를 주장하였다.

광주, 서울, 전북에서 대입제도 개선에 대한 공약을 제시하였다. 시·도교육청 단위에서 해결할 문제는 아니지만 보다 적극적인 자세로 준비하겠다는 의지로 읽혀진다. 광주와 전북에서 수능의 자격고사화를, 전북은 학생생활기록부 개선과 지역균형선발 확대를, 광주에서 국민 공론화위원회 구축을, 서울과 전북에서 대학 서열화 완화를 위한 노력을 제시하였다.

(9) 교육 행정

<표 31> 교육행정 분야 공약 분석

교육행정	교육지원청	교육장 공모 및 확대	경기, 울산
		교육지원센터로 전환	경기, 광주, 서울, (세종), 전북
	행정 업무 지원	교무행정 업무 축소	경기, 경남, 경북, 광주, 대전, 서울, 세종, 울산, 인천, 전남, 전북, 제주
		학교행정실 법제화	전북
	청렴	부정부패 원스트라이크아웃제 등	(경기), 대구, (부산), 울산, 인천
		시민 감사관	경기, 광주, (인천), 전북
	비정규직	학교 비정규직 교육감 직고용	(경기), (경남), 광주, 서울, 울산, 인천, (전남), (전북), (충남)
		비정규직 처우 개선	경기, 광주, 서울, 울산, 인천, 전남, 전북, 충남

교육지원청 혁신에서 우선은 수장인 교육장 공모 및 확대를 공약하였다. 이미 100% 교육장 공모제를 시행하고 있는 경기는 제도의 안착을, 이제 막 시작하는 울산은 공모를 제시하였다. 또한 교육지원청의 기능을 학교 교육과정 지원을 중심으로 한 교육지원센터로 경기, 광주, 서울, 전북이 선진적으로 공약하였다. 세종의 경우 교육지원청이 없는 관계로 새로

운 개념의 교육지원센터 설립을 제시하였다.

교무 행정 업무 축소는 거의 모든 교육청의 숙원 사업이다. 공약으로 제시하지 않은 교육청도 이 문제를 해결하기 위한 노력을 계속할 것으로 생각한다. 경북의 경우 업무 총량제를 도입하여 임기 내 50% 감소를 공약하였다. 다만 몇 개의 교육청이 빠진 것은 어느 정도 교무업무 정상화가 진행되고 있는 과정이라고 판단한 것으로 여겨진다. 학교행정실 법제화를 공약한 곳은 전북뿐이다.

청렴에 관한 공약은 울산과 인천이 단연 돋보인다. 이전 지방교육정부에서 발생했던 비리 문제에 대한 교훈도 작용했을 것으로 생각한다. 주민 직선 교육감 선거가 계속될수록 교육청에서의 청렴 문화가 자리 잡아간다는 방증으로 볼 수도 있다. 경기와 부산의 경우 부정부패 원스트라이크를 명시하지는 않았지만 다른 표현으로 제시하였고, 대구, 울산, 인천은 명료하게 청렴에 대한 의지를 확고하게 밝히고 있다. 시민감사관제도는 이미 실행하고 있는 지역도 있고 이번에는 경기, 광주, 인천, 전북에서 제시하고 있다.

학교 비정규직 교육감 직고용을 직접 제시한 곳은 광주, 서울, 울산, 인천이지만 경기, 경남, 전남, 전북, 충남도 고용 안정을 약속함으로 간접적으로 피력한 것으로 보인다. 경기, 광주, 서울, 울산, 인천, 전남, 전북, 충남에서 비정규직 처우 개선을 약속하였다. 비정규직 문제 해결에 보다 적극적인 의지를 보이는 것도 이번 선거 공약의 특성 중에 하나이다.

(10) 기타

＜표 32＞ 기타 분야 공약 분석

경기	꿈의학교를 마을속학교로 확대 발전 ○꿈의학교 내실화: 수업공개 및 간담회 운영, 꿈의학교 운영주체와 강사관리 강화, 경기 꿈의학교 인증제 실시 ○꿈넷 운영 활성화: 꿈의학교 운영 전반을 컨설팅 하는 운영지원단 및 지역내 꿈의학교 간 네트워크 활성화를 위한 지역협의체로 꿈넷 구성 운영 꿈의대학 내실화로 방과 후 대안교육 정착 ○꿈의대학 강의 동영상 인터넷 모바일 제공(꿈의무크 운영) ○학원시민감독위원회 운영으로 불법 사교육 근절 ○사교육비 절감 대책 기구 운영
광주	사립학교법 개정 및 사립학교 공공성 강화(기간제 교원 비율 축소 및 위탁채용 확대) ○사립학교 교육공무직원 고용 보장
전북	학부모 상담콜(무엇이든 물어보세요) 운영 사립학교 교사 공개채용 확대 사립학교 육성 및 민주적 운영을 위한 지원조례 제정
충남	평생교육 기회 확대 ○어르신을 위한 문해교육 확대(초등학교 및 중학교 졸업 인정) ○평생학습 지원을 위한 실버 프로그램 운영 아이와 어르신이 삶을 공유 ○1학교 1경로단 자매결연으로 가정-학교-사회가 함께하는 효·경 교육 실시 ○지역 학생들이 어르신과 함께 인생 자서전 편찬사업 실시

다. 기구 및 건축물 설립 공약 분석

공약 중에 센터나 위원회와 같은 기구 설치나 기관이나 공간 확보를 위한 건축물 설립에 관한 내용들을 정리해 보았다. 이전 시기부터 지속되어 온 기구나 기관을 제외하고 금번 공약에 새롭게 설치되는 것만 제시하였다. 기구와 기관을 구분하기에 애매한 것은 센터는 기구적 성격으로, 원 또는 관은 건축(기관)으로 이해하였다.

<표 33> 기구 설치 및 건축물 설립 공약 분석

구분	기구	건축물
강원	○교육지원센터 ○시민사회 정책자문위원회 ○아동청소년 행복지원단 ○원스톱 교육복지센터	
경기	○경기진로교육발전위원회 ○경기 평화통일 교육센터 ○지역별 교육협의기구 ○학부모자원봉사센터 ○교권보호센터 ○위기교사지원단 ○청소년교육회의 ○청소년자치배움터추진단 ○학생종합안전체험센터 ○경기형 학교 밖 청소년 지원센터 ○학생참여인권위원회 ○교육정책공론화위원회 ○교육정책자문위원회 ○경기교육시민참여위원회 ○학원시민감독위원회 ○사교육비 절감대책기구	○북부유아체험교육원 ○미래직업체험관 ○미래농업체험시설 ○스마트팜 체험시설 ○기적의 놀이터 ○경기도중앙교육연수원

경남	○서부권 대입정보센터 ○지역별 인문학센터 ○경남도민 정책숙의 경남교육회의 ○국제교육지원센터 ○학교 밖 청소년 지원체제 ○교육정책연구소	○진로교육원 ○복합문화공간 ○수학문화관 ○경남학생안전체험교육원
경북	○교육지원청 미래교육추진단 ○인문학교육연구센터 ○지역별 수학체험센터 ○교권 보호 행복학교 거점지원센터 ○인성교육개발센터 ○지역별 안전체험센터 ○학교 밖 청소년 지원 강화를 위한 지역 협의체	○수학문화관
광주	○진로교육부 ○남북교육교류기획단 ○광주학생문화예술센터 ○학교문화예술지원단 ○학교업무정상화 전담팀 ○교권보호 긴급출동팀 ○광주학생 마음보듬센터 ○원스톱 성폭력 대응팀	○광주학생안전체험관
대구	○대입네비게이션센터 ○진로진학취업지원센터 ○교육지원청에 학교갈등중재위원회 ○대구교육정책연구소	○대구특수교육원
대전	○대전교육공감원탁회의 ○친환경급식지원센터	○대전진로교육진흥원 ○대전특수교육진흥원 ○대전학생예술문화회관 ○대전청소년체육공원 ○대전에듀힐링진흥원
부산	○진로교육지원센터 ○권역별 미래교육센터 ○수업코칭센터 ○혁신교육대학원	○창의복합공작소, 영양체험관 ○청소년 문화공간 제2놀이마루 ○부산수학문화관 ○인성교육관 ○학생안전체험관

서울	○학습이 느린 학생을 위한 학습지원부서 ○글로벌 평화교육 지원 추진기구 ○교육공간기획단 ○지역청별 교권법률지원단 ○교육지원청에 학교폭력-학생인권-교권 전담기구	
세종	○권역별 유아종합놀이센터 ○세종행복교육지원센터(세종시) ○과학문화센터 ○평화통일교육지원센터 ○국제교육교류센터 ○읍·면·동 지역교육위원회 ○시민, 학부모 교육정책 모니터링단 ○학교폭력 대응지원센터 ○학생 교육정책 자문단	○창의진로교육원 ○평생학습관 ○융합과학교육원 ○청소년해양교육원 ○청소년문화원 ○청소년야영장 ○학생안전교육원
울산	○울산교육회의 ○시민감사위원회 ○광역친환경학교급식지원센터 ○학교안전점검지원단	○울산청소년해양수련원 ○구·군별 안전체험학습관
인천	○청소년노동인권 현장도움센터 ○인권보호관 ○마을교육지원센터 ○인천미래교육원회 ○청소년 100인 정책위원회 ○학교폭력 사안대응팀 ○노동존중위원회	○인천진로교육원 ○청소년을 위한 지역별 교육문화센터
전남	○기초학력지원센터 ○민주시민교육센터 ○전남교육자치위원회 ○시·군교육자치위원회 ○학교폭력 전담 지원센터	

전북	○외국어교육지원센터 ○민주시민교육과 ○고교혁신교육 추진단 ○주민참여 공론화위원회 ○학부모교육프로그램 기획단 ○교육지원청에 학교업무지원전담부서	○특수교육원(공립) ○청소년 문화놀이공간 ○교직원수련원 ○해상안전관
제주	○특성화고등학교 학교협동조합 ○교육정책공론화위원회 ○교권보호센터 ○제주교육청 코칭시스템	○유아체험교육진흥원 ○기적의 놀이터
충남	○수학체험센터 ○교권보호센터 ○학생마음치유센터	○국제다문화교육원
충북	○아시아 교육문화센터 ○교권보호지원단 ○SOS 학교폭력 문제해결지원단 ○학부모 성장지원센터 ○학교 밖 위기 학생 전담기구 ○교육가족 힐링센터	○진로교육원 북부 분원 ○지역문화예술 복합공간 ○문화예술교육전용공간 ○기적의 놀이터 ○단재교육연수원 북부 분원 ○국제교육원 남부 분원

주민 참여, 시민정책자문, 교육원탁회의 등은 소통과 협력을 확대하려는 의미로 해석할 수 있다. 교육 현안에 대한 다양한 기구를 설치하여 운영하는 것은 민원 해결을 위한 대응적 측면에서 유의미하게 받아들일 수 있다. 다만 센터와 센터의 중복 운영, 방만한 운영을 극복하고 센터 운영의 전문성과 효율성을 확보하는 것이 관건이다. 교육지원청이나 권역별로 센터를 마련하는 것은 학교 단위로 접근해가려는 것으로 긍정적 의미를 함의하고 있음. 다만, 이 역시 과중하게 업무 부담이 발생하지 않도록 해

야 한다.

안전과 진로 기관 설립도 체험을 중심으로 한 방안은 긍정적이다. 권역을 고려하여 분원을 설치하려는 것 역시 현장의 문제를 해결하려는 의지로 보인다. 다만, 기구 설치와 달리 기관 건립은 재원이 많이 소요되기에 보다 구체적이면서도 신중하게 접근해야 한다.

교권 보호, 학생 폭력 예방 및 해결, 기초학력 전담부서 등과 같은 기존의 부서를 보다 세분화하여 부서의 효율성을 극대화한 면이 있고, 청소년 인권 보호나 남·북한 교육교류 준비를 위한 부서의 경우 시대 상황을 반영한 면이 있다.

이전에 설치되거나 설립되었던 기구와 기관에 대한 평가 작업이 선행되어야 한다. 이전 시기에서 공약대로 추진되었는가도 살펴야 하겠지만, 설치된 후 의도한 바대로 운영되고 있는지에 대한 확인이 필요하다. 각종 기구와 위원회에 대한 전체적인 조망도 요구된다. 기존의 기구와 새로운 기구와의 연관성도 고려해야 한다. 기관의 경우 재원 마련에 대한 명확한 비용 추계가 이루어져야 한다.

라. 경향 또는 시사점

지금까지 분석한 결과를 토대로 주민 직선 3기 교육감들의 공약의 경향이나 시사점을 정리하면 다음과 같다.

(1) 교육감 기본 업무에 충실

교육감의 기본 책무는 무엇보다도 학생 안전과 학력에 있다고 해도 과언이 아니다. 진보와 보수 상관없이 교육감들의 기본 업무인 기초학력과 안전, 건강을 강화하는 데에 방점을 찍고 있다는 점은 교육의 본질을 회복하려는 노력에 대한 방증이다.

(2) 주민 직선 1, 2기 계승 발전 및 확대

혁신학교, 혁신교육지구, 마을교육공동체와 같이 이전 시기에서 시작하여 지속적으로 실행이 필요한 정책 사업들을 계승하고 혁신하여 확대하였다. 17명 중 12명의 교육감이 재선과 삼선에 성공한 현직이라는 특징이 반영된다. 현직 프레임은 공약의 안정성을 가져온다. 또한 교육감에 대한 풍부한 경험을 토대로 교육 전반에 대한 공약을 제시하였고, 현재 실행 중인 교육정책에 대해서는 공약에 담지 않는 경향을 보인다.

(3) 공약의 구체화

무상교육시리즈 등 많은 공약이 구호에서 구체적인 면을 보인다. 비용 추계까지 고려하는 치밀한 계획은 물론 기초단체지역에 대한 교육정책 공약에 대해 세밀한 지원 계획을 수립하고 제시하였다. 거기에 교육과정에서 시작하여 매우 다양한 스펙트럼의 활동까지 확장하였다.

(4) 시대의 흐름을 적극적으로 반영

판문점 선언 이후 급속도로 달라지는 동북아 정세에 맞추어 평화통일 교육, 남북교육교류확대 등 통일 맞이 준비를 위한 공약들이 비교적 구체적으로 제시되었다. 또한 비정규직 문제가 계속 대두되면서 노동 존중 교육을 공약하였다. 무엇보다 메이커스페이스, 인공지능, 빅데이터, 사물인터넷 등을 교육에 적용하는 스마트교실(학교)을 준비하며 4차 산업혁명 시기의 미래 교육을 대비하였다.

(5) 소통과 협력, 그리고 연대 강화

촛불 정부라고 하는 문재인 정부와의 공조를 강화하였다. 고교학점제, 자유학기제, 무상교육 정책 등에서 정부와의 정책 연대를 위한 노력을 공약하였다. 일부 교육청에서는 공론화위원회, 교육 1번가(30일 1,000명이 제안하면 응답하는 제도) 등 대통령 공약을 적극적으로 차용하였다. 중앙정부와의 연대와 더불어 지역민, 교육주체들과의 소통과 협력을 강화하는 각종 위원회와 기구를 설치하여 교육 정책에 대한 의견 수렴을 보다 확대하였다.

(6) 공동 공약 준비

사회적·경제적·지리적 문화적 환경이 시·도마다 다르기에 교육 환경도 다르지만 유·초·중등교육에 있어 공통적인 부분도 상당수 존재한다. 지방교육정부의 유사한 교육 현안에 대해 공동으로 준비하여 해결하려는 횡적 네트워크가 움직인다. 반짝이는 아이디어를 차용하여 자연스럽게 우수사례가 전파되어 공유된다. 대입문제와 같은 교육의 공공성, 교육 현안에 대해 한 목소리를 내는 것은 앞으로의 교육감협의회의 운영 측면에서 매우 긍정적이다.

(7) 지역화의 가속화

지역과 연관된 공약들을 보면 왜 교육감 선거를 해야 하는지를 알 수 있다. 시대의 흐름을 각 지역의 특성과 연동한 공약을 선보였다. 지역의 요구 및 지역의 특색을 반영하여 지역의 문제를 지역에서 스스로 해결하려고 하였다. 예를 들어 제주의 경우는 국제화에 초점을 분명히 하였다. 이러한 지역화의 가속화는 선의의 교육정책 경쟁으로 지방교육 발전에 이바지할 수 있을 것으로 기대된다.

마. 한계

그렇다고 긍정적인 의미만 간취할 수 있는 것은 아니다. 다음과 같은 한계도 엿보인다.

지식 전달 위주의 과거의 학력관에서 역량 중심의 새로운 학력관이 대두되고 있는 현실에서 기초학력의 개념은 여전히 구학력관에 매여 있다. 새로운 시대에 맞는 기초학력의 재개념화 없이 기초학력이 느리게 형성되는 학습자들에 대한 교육공약은 자칫 과거 학력관의 강화로 이어질 수 있는 우려가 존재한다.

초선, 재선, 삼선의 교육감 당선자들의 다른 위상은 교육 혁신이나 지방 교육정부 정책에 있어 선발 주자와 후발 주자의 차이가 더 명확하게 나타난다. 혁신정책 1.0과 2.0 사이의 간극에 대해 공약 상의 변별은 큰 의미가 적겠지만, 교육 정책 현실에서는 매우 크게 작용할 것이다. 이러한 간극은 다른 교육 정책의 실행에 있어서도 연동하여 작용할 가능성이 높다.

공약이 이전 시기보다 분명히 구체화된 부분이 있으나 여전히 구호에 그치는 것도 상존한다. 특히 기관 설치나 민원 해결성 공약에 대한 보다 세부적인 비용 추계나 구체적인 계획서가 요구된다.

시대를 의식하는 부분에 있어 교육감마다 상당한 온도차이가 존재한다. 시대 인식에 대한 당위만 있을 뿐 구체적인 계획이 부족하거나 없는 곳도 있다. 무엇보다 미래 교육을 준비하는 데 있어 주로 다가올 미래에만 초점을 두고 있다.[78] 미래에는 원하는 미래, 다가올 미래, 준비하는 미래가 있는데 이 세 가지의 교집합 부분을 미래 교육으로 준비해야 한다.

중앙정부와 연대하는 것은 매우 중요한 일이지만 협력만 하는 것은 바람직하지 않다. 중앙정부가 지방자치를 추구하지만 교육자치에 대한 의지는 약해 보인다. 연대만을 강조할 경우 자칫 수직적 관계가 형성될 수도 있어 건강한 긴장 관계를 유지해야 한다. 지역 주민과의 소통 또한 반드시 필요한 일이지만 소통만 할 우려가 있다. 즉 소통 후 지역민의 의견 수렴이 반영되지 않으면 소통에 대한 지속성을 담보하기 어렵다.

권역별 공동 공약의 활성화 및 전국 단위 공동 공약이 요구되며 이를 실천할 구체적 방안이 모색되어야 한다.

가장 아쉬운 점은 지방교육자치 시대를 맞이하여 교육자치나 학교민주주의를 위한 공약을 일부 제시하였으나 시·도교육청에서 교육자치 역량 강화를 위해 어떻게 준비해야 할지에 대한 구체적 공약 부분이 미흡한 점이다.

---

78) 우문영 외(2017) 참조.

4. 결론

결론은 경향 또는 시사점, 한계를 통해 정리하였다. 본 연구를 통해 알게 된 새로운 점과 차후 연구를 위한 제언을 하고자 한다.

(용어의 의미 해석상의 유의점) 공약 사항을 재분류하다 보니 같은 공약이라도 교육감마다 다르게 사용하고 있음을 알게 되었다. 용어의 정의가 다른 것이 아니라 용어가 사용되는 문면상의 의미와 문맥상의 의미에 차이점이 생긴다. 같은 용어가 상황과 맥락에 따라 교육정책의 의미가 다르게 해석될 수 있다는 점인데, 예를 들어 '학교업무 경감'을 교원 복지로 보느냐와 교육행정으로 접근하느냐는 의미가 달라진다. 또는 수업혁신 측면에서 다가설 때도 또 다른 의미가 생긴다. 세세부의 공약 사항을 어떤 분류의 틀에 넣느냐는 연구자의 입장이지만 어떤 상황과 맥락 속에서 교육정책을 수행하느냐는 교육감의 교육철학과 관계 깊다. 따라서 문면 상의 의미를 넘어 현실태에서 존재하는 공약의 의미를 알기 위해서는 교육감을 비롯한 공약 기획자들과의 인터뷰나 델파이 조사가 필요하다.

(연구 방법의 한계 극복) 본 연구는 주민 직선 3기에 당선된 교육감들의 선거공약서만 분석했다. 이 연구의 실제성이 담보되기 위해서는 다음 몇 가지의 분석이 추가적으로 이루어져야 한다.

- 우선은 지난 선거 공약서와의 비교 연구이다. 특히 2014년 교육감 선거 공약과의 비교는 반드시 이루어져야 한다. 2010년, 2014년, 2018년 공약을 비교하여 공약 내용 중 생성, 성장, 소멸된 사항들을 점검하여 그 이유를 밝혀내는 분석이 필요하다.
- 선거에 나왔다가 떨어진 낙선 후보자들의 공약도 분석할 필요가 있는데 이는 교육계 전반의 요구를 파악하고 대체적으로 동의하고 있는 공약들의 추세를 확인할 수 있다.
- 광역자치단체장 및 기초자치단체장의 교육 공약과 비교 분석하여 교육에 대한 이해와 요구 및 연대할 내용들을 알 수 있다. 지방 의회 의원들의 교육공약 확인이 필요한 것도 같은 이유이다.
- 끝으로 각 교육청에서 해마다 발간하는 주요업무계획과, 교육감들의 공약이행정도를 점검하는 정책기획관의 보고서와 비교 확인할 필요가 있다.

(공약집 기술적인 면) 공약집의 기술적인 면에서 접근할 필요도 있다. 대개의 경우가 비슷한 레이아웃 형태를 지니고 있다. 5대 공약을 중심으로 한 세부 공약 설명-지역별 공약, 교육 주체별 공약 내지는 교육 분야별 공약 제시가 주를 이룬다. 좋고 나쁨을 떠나 경기도 교육감 공약집의 특성을 살펴볼 필요가 있다. 경기는 공약집을 파트1, 파트2, 파트3으로 나누었는데 파트1은 큰 방향 제시, 파트2는 공약 내용, 파트3은 세부 및 세세부 내용을 제시하고 있다. 파트3의 경우 지나치게 세밀하게 제시한 감이 없지 않지만, 교육정책 전반을 들여다볼 수

있는 자료이다. 미래 기술과 연관한 정책을 연동하여 제시하였다. 유권자들이 더욱 교육정책 공약을 이해하고 판단하기 쉽게 제시하는 노력이 요구된다. 공약집의 내용은 물론, 형식과 기술 형태도 고민해야 한다.

참고문헌

(기초자료)

● 강원도교육감선거 민병희 후보. 공약 순위. 2018.

● 강원도교육감선거 민병희 후보. 선거공약서. 2018.

● 경기도교육감선거 이재정 후보. 공약 순위. 2018.

● 경기도교육감선거 이재정 후보. 선거공약서. 2018.

● 경상남도교육감선거 박종훈 후보. 공약 순위. 2018.

● 경상남도교육감선거 박종훈 후보. 선거공약서. 2018.

● 경상북도교육감선거 임종식 후보. 공약 순위. 2018.

● 경상북도교육감선거 임종식 후보. 선거공약서. 2018.

● 광주광역시교육감선거 장휘국 후보. 공약 순위. 2018.

● 광주광역시교육감선거 장휘국 후보. 선거공약서. 2018.

● 대구광역시교육감선거 강은희 후보. 공약 순위. 2018.

● 대구광역시교육감선거 강은희 후보. 선거공약서. 2018.

● 대전광역시교육감선거 설동호 후보. 공약 순위. 2018.

● 대전광역시교육감선거 설동호 후보. 선거공약서. 2018.

● 부산광역시교육감선거 김석준 후보. 공약 순위. 2018.

● 부산광역시교육감선거 김석준 후보. 선거공약서. 2018.

●서울특별시교육감선거 조희연 후보. 공약 순위. 2018.

●서울특별시교육감선거 조희연 후보. 선거공약서. 2018.

●세종특별자치시교육감선거 최교진 후보. 공약 순위. 2018.

●세종특별자치시교육감선거 최교진 후보. 선거공약서. 2018.

●울산광역시교육감선거 노옥희 후보. 공약 순위. 2018.

●울산광역시교육감선거 노옥희 후보. 선거공약서. 2018.

●인천광역시교육감선거 도성훈 후보. 공약 순위. 2018.

●인천광역시교육감선거 도성훈 후보. 선거공약서. 2018.

●전라남도교육감선거 장석웅 후보. 공약 순위. 2018.

●전라남도교육감선거 장석웅 후보. 선거공약서. 2018.

●전라북도교육감선거 김승환 후보, 공약 순위. 2018.

●전라북도교육감선거 김승환 후보. 선거공약서. 2018.

●제주도교육감선거 이석문 후보. 공약 순위. 2018.

●제주도교육감선거 이석문 후보. 선거공약서. 2018.

●충청남도교육감선거 김지철 후보. 공약 순위. 2018.

●충청남도교육감선거 김지철 후보. 선거공약서. 2018.

●충청북도교육감선거 김병우 후보. 공약 순위. 2018.

●충청북도교육감선거 김병우 후보. 선거공약서. 2018.

〈연구 자료〉

●김민희. 시·도교육감 교육공약의 현황과 과제 탐색. 教育政治學硏究 24. 한국교육정치학회.

●문재인(2017). 제19대 대통령 후보 주요 10대 공약집.

●우문영 외(2017). 충남 미래교육의 방향 설정 연구. 충남교육연구정보원.

●우문영(2011). 비평교육론. 한국문화사.

●유경진(2015). 교육감 후보자의 이념적 성향에 따른 공약 포지셔닝 분석: 2014년 6·4 교육감 선거를 중심으로. 연세대학교 교육대학원.

●이형빈(2016). 직선 2기 교육감 2년의 성과 및 과제. 충남 교육감 취임 2주년 공약 및 정책평가 토론회 자료집. 교육평론 285. 월간교육신문사.

V. 미래교육에 대한
접근 방법

미래는 현재부터 시작된다.
미래를 위해 오늘을 양보할 수는 없다.

1. 미래의 구분

시간의 선형적 구조는 보통 과거, 현재, 미래로 되어 있다. 현재를 기점으로 이전의 시간 상태를 과거라고 할 수 있는데, 현재 이후를 미래라고 할 수 있을까에 대해서는 이론의 여지가 생긴다.[79] 현재의 어느 지점부터를 미래라고 해야 하는가? 개인이 아닌 어느 한 사회의 미래는 이 문제에서 조금은 자유로울 수 있다. 최소한 오늘과 내일, 한 달이나 몇 달을 미래라고 말하는 이는 그리 많지 않기 때문이다. 그렇다고 미래를 무한정 늘려 말하기도 곤란하다. 현재에 기반하여 예측이 불가능한 시간을 미래라고 명할 수 있는가에 대한 답이 궁색해진다. 물론 모든 미래는 예측이 불가능하다고 주장하는 학자도 있다(구본권. 2015).

'과거'에서의 시대 구분은 주장하는 학자의 기준에 따라 다르게 정해지지만, 인간의 역사와 사회가 크게 변화하는 기점에 따라 나누기도 한다(김규원. 2017). 한국의 교육정책 역시 한국 현대사의 굴곡과 함께 변해오면서 몇 시기로 나눌 수 있다. 그러나 미래가 가지는 막연성은 미래에 대한 구분을 더욱 혼란스럽게 한다.

---

79) 엄밀한 의미에서는 과거 역시 현재 이전이라고 규정하는 것에도 이론의 소지는 다분하다. 다만, 미래라는 개념에 비해 안정적 위치를 점하고 있다는 것으로 한정한다.

미래 교육의 시간적 구분은 세 가지 정도를 고려하였다. 첫째, 미래 사회와 미래 교육이 현재 교육에 미치는 영향 정도이다. 모든 미래를 준비할 수도, 대비할 필요도 없다. 현재의 교육에 가장 큰 영향을 줄 미래 사회와 교육에 관심을 둔다. 둘째, 미래사회와 미래 교육에 접근하는 고정적 변인이 많은 정도이다. 현재 사회의 많은 부분이 미래에도 그대로 이어질 가능성이 높지만, 반대급부적으로 많은 부분이 변할 것이다. 미래사회에 대한 변화 요인과 고정 요인이 상호 작용할 것이며, 그 중에서 우리는 고정 변인이 많을수록 예측 가능한 사회 속에서 미래교육을 예상할 수 있다. 셋째, 미래사회와 미래교육에 현재의 우리가 동의할 수 있는 정도이다. 우리가 원하지 않는 미래는 현재 속에서 대비하여 바꾸어 나가야 한다. 즉, 우리가 바꿀 수 있는 범위 내의 미래여야 한다는 의미다.

여기서는 이 세 가지를 고려하여 단기 미래, 중기 미래, 장기 미래의 세 시기로 나누었다.

가. 단기 미래

일명 '멀지 않은 미래'라고 할 수 있다. 가장 가까운 미래로 현재의 교육 정책이 거의 그대로 적용될 공산이 크다. 미래 사회에 대한 충격이 그리 크지 않고, 변화 역시 생각보다는 다소 점진적일 것이다. 4차 산업혁명을 대표하는 인공지능 역시 아직은 인간보다 뒤처진 분야가 훨씬 많다.

미국에서는 미국인들을 세대별로 나누어 그 특성을 연구하였는데 2005년 이후 출생자들을 'O세대'라고 부른다. 이 세대들의 강력한 특징은 정보 검색에서 인터넷 검색 엔진을 사용하는 이전 세대들과 결정적인 차이를 보인다. 유튜브를 활용한다는 것이다(미국 백악관 보고서. 2016). 우리에게도 2005년생들은 큰 의미를 지닌다. 이들은 2017년 현재 초등학교 6학년이다. 2015 개정 교육과정이 2018년에 초등학교 1학년과 중학교 1학년에 처음으로 적용되는데 2005년생들이 바로 중학교 1학년이 되며, 자유학년제를 처음으로 적용받는 시기이다.

2015 개정 교육과정이 적용되는 이 기간은 2014년 7월에 취임한 현 교육감의 공약이 실행되는 이행기이다. 세계 교육 변화의 흐름에 맞게 교육의 본질과 학생 중심 충남교육에 충실한 교육정책들이 실현될 가능성이 높고, 그것은 대부분 도민이 동의한 바가 많기 때문이다. 2018년 6월 교육감 선거에서 어떤 후보가 당선되든 현재의 교육정책은 지속될 가능성이 크다. 또한 누가 교육감이 되든 지금의 교육정책에 대한 일부 수정 역시 불가피할 것이다. 다만, 2018년 이후 충남교육 중·장기 발전계획을 수립해야 하는데, 이에 대한 방향 설정은 필요하다.

나. 중기 미래

다른 말로 '조금 먼 미래'다. 구체적인 시기는 2018년에 수립된 충남교육 중장기 발전계획 실행이 끝나는 2021년 이후 8-9년간을 가리킨다(2022-2030). 촛불혁명을 내세워 당선된 문재인 정부의 교육 혁신 공약 이행도 끝난 시기다.

2015 개정 교육과정이 얼마 동안 지속될지는 모르지만 그 유효시기가 짧을 가능성이 높다. 국가 수준 교육과정 중심의 운영은 더 이상 지방 교육 분권화 시기에는 맞지 않는다. 교육 자치가 명확하게 확립되면 지방교육정부에서 교육청 수준의 교육과정이 마련되어야 한다. 국가 수준 교육과정은 대강화, 간략화, 자율화하고 대부분의 권한이 교육청 수준으로 이양된다. 아마 이양되었을 것이다. 새로운 교육과정이 적용되는 시기이며, 학교로의 권한 이양이 시작되는 시기이다.

단기 미래에서 언급했듯이 2005년생에 주목하면 그들이 핵심역량을 바탕으로 한 참학력을 신장하여 고등학교를 졸업하는 시기이다. 교육청은 유치원 교육에서 출발하여 고등학교 교육까지를 책임진다. 현재와 단기 미래에서의 교육정책에 대한 총체적 평가를 받는 시기라고 할 수 있다. 우리가 추구했던 인간상이 제대로 구현되었는가, 그러한 인간상은 학교 공간은 물론이고 지역사회에 나아가 미래 사회에 적응하는 인재로 살아갈 수 있는가에 대한 상상의 공간이 된다.

2018년 이후 학령 인구가 급격히 감소하면서 농어촌 학교의 대부분은 존립의 위협을 느끼게 될 것이다. 이러한 현상을 미리 막기 위한 교육정책 역시 평가의 대상이 될 것이다. 소규모학교 살리기, 마을교육공동체 등을 포함하여 인구 절벽 시대에 충남 교육정책이 제대로 실행되었다면 도농 간 교육격차가 줄어들면서 서서히 적정 규모의 학교로 변화했을 것이다. 과학기술의 변화로 보면 2030년 전후는 자율주행차와 사물인터넷이 상용화되는 시기이다(마틴 포드. 2016). 우리가 상상할 수 있는 범위 내의 마지막일 가능성이 높다.

다. 장기 미래

장기 미래는 '먼 미래'에 해당한다고 할 수 있다. 구체적으로는 2031년 이후인데 이 시기는 명확하게 정하기는 어렵다. 박영숙은 미래사회를 2050년까지 예상했다가(박영숙. 2016), 얼마 후에는 2055년까지로 범위를 확대하였다(박영숙. 2017).

13년 후의 미래사회는 우리가 예상하는 것보다 덜 바뀔 수 있다. 더욱이 가장 늦게 변하는 교육은 현재와 별반 다르지 않을 것이란 예상도 타당성이 있다. 하지만 4차 산업혁명의 절정기에 달할 이 시기는 고정 요인보다는 가변 요인들이 더 많이 작용할 것이다. 과학기술의 빠른 진화, 학교 생태계의 기능과 역할, 교사의 존립 근거, 학습 플랫폼 등에 대한 우리의 예측에 대해 궁금증을 증폭할 것이다.

2055년 이후는 '아주 먼 미래'라고 할 수 있다.

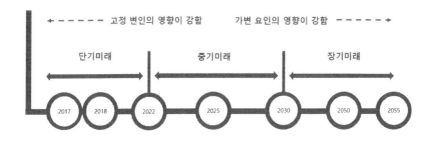

[그림 16] 미래의 세 범주

    사회의 변화 속도보다 느린 교육은 자신만의 속도를 가지고 변화할 것이다. 현재까지의 고정 변인이 가변 요인으로 변하여 가변 요인의 범주가 상상을 초월할 때 이상은 우리가 미래의 교육으로 예측하는 것이 의미가 적어질 수 있다. 본 글은 단기 미래를 중심으로 중기 미래까지를 그 범주에 두고자 한다.

2. 미래에 대한 접근 방법

　미래에 대한 명확한 규정이 없어서 현재를 포함한 그 이후의 시점이라는 주장도 일견 타당하다. 그렇다면 현재의 교육 정책에 대한 성찰이 미래교육의 출발점일 수 있다. 현행되는 교육정책 가운데 지속가능한 것, 어느 지점에서 정리할 것, 폐기할 것 등으로 정하고 그 이유를 분명히 밝혀야 한다.

　일반적으로 미래라 하면 우리의 의지와 관계없이 다가오는 시간적 의미를 상정하게 된다. 이른바 '다가올 미래'라고 할 수 있다. 미래는 예측할 수 없다고 주장하는 학자들도 있지만 최근의 미래학은 가능한 범주 내에서 예측할 수 있는 미래를 전망하기도 한다. 대개 다가올 미래는 국가와 기업이 바라는 방향을 설정하고 이를 따라가는 경우가 많다. '나'라는 개인은 지극히 수동적인 위치로 떨어지고, 국가 특히 기업이 원하는 인간상을 요구받는다. 국가와 기업, 사회가 교육에 원하는 것이든, 교육이 국가와 사회, 기업에 원하는 것이든 미래 사회에 적응하기 위한 교육적 요구들을 갖게 된다.

　'다가올 미래'만으로는 미래를 규정하기에는 무언가 부족하다. 그 미래에는 '나' 또는 '우리'가 빠져 있다. 정확히 말하면 우리가 바라는 바가 반영되어 있지 않다. 즉 우리의 이해와 요구가 전혀 반영되지 않은 경우를 상정한 경우이다. 그러나 그런 미래는 존재하지 않는다. 이른바 우리가 '원하는 미래'에 우리의 요구가 담겨야 한다.

'다가올 미래'의 교육적 전망과 '원하는 미래'의 교육적 요구를 아우르는 접근 방법을 사용하였다. 이 두 가지는 상당한 부분의 접점이 있다. 그래서 교집합에 해당하는 교육정책을 중심으로 제시하였다. 그리고 난 후 현재의 교육정책 중에서 지속해야 할 것을 다시 정리하였다.

요약하면, 미래의 교육은 현재의 교육정책에 대한 성찰과 문제의식의 연결선상에 있다. '다가올 미래'와 '원하는 미래'의 교육정책을 합하여 이러한 문제점을 해결하려는 접근이다.

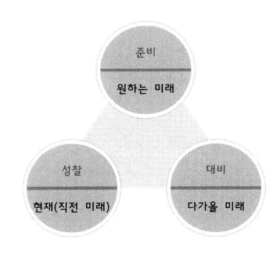

[그림 17] 미래 교육에 접근하는 세 가지 방법

3. 미래 교육정책 방향 접근의 실제

가. 1차 병합: 다가올 미래+원하는 미래

멀지 않은 미래든, 먼 미래든 아직 오지 않은 미래는 예측하기 힘들다. 미래학자 중 일부는 미래에 대한 예측 자체가 불가능하다고 보기도 한다. 현재까지의 축적된 다양한 정보와 지식을 토대로 고정 요인을 중심으로 트렌드를 전망만 가능할 수 있다. 미래에 대한 여러 가지 전망 중에서 비교적 일치하는 부분은 다섯 가지인데 지능정보화 사회, 인구구조의 변화, 다원화 사회, 기후 및 생태계 변화, 사회불평등 심화이다(윤양수 외. 2016). 다가올 미래를 대비하여 과학정보기술교육, 학교적정화, 상호문화교육, 생태교육, 교육불평등 해소를 제시하였다.

위에서 이미 언급했듯이 미래는 다가오기만 하는 것이 아니라 우리가 스스로 만들어 나가기도 한다. 이 또한 매우 다양한 의견이 존재하는데 비교적 일치하는 부분을 역시 다섯 가지로 정리하면 민주주의 사회, 자연과 인간의 공존, 불평등 해소, 안정화된 인구 구조, 인문학과 자연과학의 공진화이다. 원하는 미래를 준비하기 위해 세계시민교육, 생태교육, 평등교육, 직업 경제 노동교육, 통합교육을 제시하였다. 다가올 미래 교육정책 5가지와 원하는 미래 교육정책 5가지를 산술적으로 병합하여 중복되는 부분을 제외하고 정리하면 과학기술정보교육, 학교규모 적정화, 세계시민교육, 교육불평등 해소, 생태교육 강화, 인문교육과의 통합교육, 진로교육의 7가지이다.

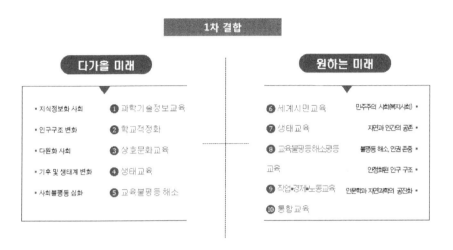

[그림 18] 다가올 미래와 원하는 미래의 교육정책

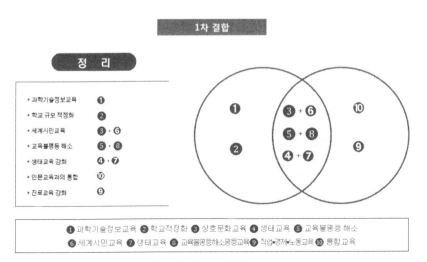

[그림 19] 미래의 교육정책(1차 결합)

나. 2차 병합: 현재 정책+미래 정책

미래는 현재부터 시작한다. 최근 충남교육청이 주요업무로 추진하는 사업 중 주력하는 교육정책을 7가지로 정리하였다(충남교육청 2016, 2017, 2018 주요업무계획). 성찰해 볼 7가지는 학교업무최적화, 혁신학교, 민주시민교육, 작은 학교 살리기, 학생 성장 발달, 참학력 신장, 충남 행복교육지구이다.

2차 결합

현재 교육 정책	정 리	미래 교육 정책
▪ 학교업무 최적화 ㉠	▪ 과학기술정보화 사회 대비 ⓐ	ⓐ 과학기술정보교육 ▪
▪ 혁신학교 ㉡	▪ 학교업무최적화 ㉠	ⓑ 학교 규모 적정화 ▪
▪ 민주시민교육 ㉢	▪ 공교육 혁신 ㉡ + ⓐ	ⓒ 세계시민교육 ▪
▪ 농촌 작은 학교 살리기 ㉣	▪ 민주시민교육 ㉢ + ⓑ	ⓓ 교육불평등 해소 ▪
▪ 학생 성장 발달 ㉤	▪ 안정화된 인구 구조 ㉣ + ⓒ	ⓔ 생태교육 강화 ▪
▪ 참학력 신장 ㉥	▪ 새로운 학력관 ㉤ + ⓓ	ⓕ 인문교육과의 통합교육 ▪
▪ 충남 행복교육지구 ㉦	▪ 사회불평등 문제 해결 ㉥	ⓖ 진로교육 강화 ▪
	▪ 인간과 자연의 공존 ㉦	
	▪ 통합적 인문교육 ⓕ	
	▪ 진로교육 강화 ⓖ	

[그림 20] 현재와 미래의 교육정책

현재 교육정책의 지속성 담보와 미래 교육정책의 전망을 고려하여 다시 산술적으로 병합하면 과학정보화사회 대비, 학교업무최적화, 공교육 혁신, 민주시민교육, 안정화된 인구 구조, 새로운 학력관, 사회불평등 문제 해결, 인간과 자연의 공존, 통합적 인문교육, 진로교육의 강화 10가지가 된다.

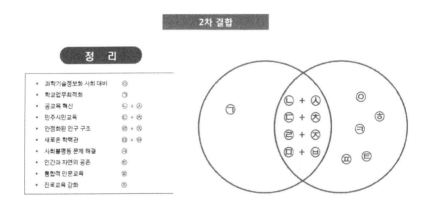

[그림 21] 미래의 교육정책(2차 결합)

다. 정리

미래 교육정책으로 정리된 10가지를 놓고 연구진 내에서 열띤 논의를 벌였다. 우선은 10가지를 인위적으로 맞춘 듯한 인상을 준다는 의견이 개진되었다. 학교업무최적화가 지속가능하고 꼭 필요한 정책 사업이기는 하나 다른 교육정책과 층위가 맞지 않고, 목적이라기보다는 방법이라는 점에서 제외하기로 하였다.

미래교육 10대 정책

1	과학기술정보화 사회 대비
2	학교업무최적화
3	공교육 혁신 : 혁신학교-충남행복교육지구-마을교육공동체
4	민주주의사회(다원화사회)-민주시민교육~세계시민교육
5	안정화된 인구구조-농촌작은학교살리기-학교규모적정화
6	새로운학력관-참학력신장-학생성장발달
7	사회불평등문제해결-교육불평등해소
8	인간과자연의 공존-생태교육강화-교육에서의생태
9	통합적인문교육-인문학과자연과학의 공진화
10	진로교육 강화

학생 안전과 핵심역량에 기반을 둔 미래교육 정책

[그림 22] 미래교육 9대 정책 방향

2018년 이후 충남교육 중장기 발전계획이 수립되고 실천하는 시기(1차)와 2005년생이 고등학교를 졸업하는 시기(2차)를 잠정적으로 충남교육의 미래로 설정하고 그 방향을 제시하였다.

지능정보화 사회, 인구구조의 변화, 다원화 사회, 기후 및 생태계 변화, 사회불평등 심화를 불러일으킬 다가올 미래를 대비하여 과학정보기술교육, 학교적정화, 상호문화교육, 생태교육, 교육불평등 해소를 제시하였다. 민주주의 사회, 자연과 인간의 공존, 불평등 해소, 안정화된 인구 구조, 인문학과 자연과학의 공진화를 꿈꾸며 원하는 미래를 준비하기 위해 세계시민교육, 생태교육, 평등교육, 직업·경제·노동교육, 통합교육을 제시하였다. 중복되는 부분을 제외하고 7가지로 정리하였다. 여기에 현재 충남교육청이 주력하는 학교업무 최적화, 혁신학교, 민주시민교육, 작은 학교 살리기, 학생 성장 발달, 참학력 신장, 충남행복교육지구와 통합하여 9가지 충남 미래 교육정책의 방향을 최종 제시하였다. 안전과 학력의 탄탄한 기저 아래 충남 미래 교육정책의 방향을 정리하면 다음과 같다.

(1) '초연결성'과 '초지능화'라는 4차 산업혁명의 특징은 기술과 기술, 산업과 산업을 융합시키며 전 세계의 경제·산업구조를 변화시킴과 동시에 일자리 지형에도 큰 영향을 미칠 것으로 전망하고 있다. 따라서 4차 산업혁명을 어떻게 이끌어 나갈지에 대한 학생중심의 보다 포괄적인 교육공동체의 담론 형성이 필요한 시점이다. 또한 향후 4차 산업혁명 시대를 대비하기 위해서는 좀 더 장기적인 안목으로 미

래 교육의 방향을 설정해야 한다. 이를 위해 충남교육청은 4차 산업 혁명 관련 충남형 미래 교육이 활성화 될 수 있도록 충남형 미래 교육 트렌드 개발 연구 추진, 충남형 미래 교육 비전 수립, 새로운 기술 도입을 위한 체계적인 준비, 4차 산업혁명 대비 역량 신장을 위한 실질적 방안 마련, 교육·사회적 불평등 해소를 위한 방안 마련, 교실의 디지털화를 막는 규제 개선, 메이커 교육과 코딩교육의 전개, 마을교육공동체로 미래 교육 활성화, 소규모 학교 살리기 특성화 학교 모델 구축 사업으로 전환 등의 방향으로 준비를 해야 할 것이다.

(2) 생산 가능 인구가 급격히 줄어드는 현상인 '인구절벽'은 도시화와 맞물려 '지방소멸'이라는 위기로 이어져, 올해 신입생이 없는 충남의 초등학교는 8곳이나 되었다. 마을의 위기가 곧 학교의 위기다. 마을에서 아이들을 키울 수 있는 환경을 만들지 않으면 지방의 마을과 학교는 소멸의 길을 걸을 수밖에 없다. 충남은 천안과 아산을 제외하면 인구 20만명 이하의 소규모 도농복합 도시가 대부분이기에 지속가능한 미래를 위해서는 마을과 학교가 힘을 합쳐 마을교육공동체를 이루어 살기 좋은 마을, 다니고 싶은 학교를 만들어야 한다. 이를 위해 충남교육청은 시·군 단위에서 지자체와 교육지원청이 협력하여 읍·면·동 단위의 소규모 마을교육공동체가 활성화 될 수 있도록 조례 제정, 재정 및 행정 지원, 마을교사 양성, 마을 만들기 중간 지원 조직과의 연계, 광역 단위 거버넌스 체제 구축 등의 역할을 해

야 할 것이다.

(3) 세계화된 현대사회에서 자본과 노동뿐 아니라 문화적 교류의 속도
와 범위는 그 이전 사회에서는 가늠할 수 없을 정도로 방대하고 빠
르다. 이전과는 다른 '시민적 정체성'이 요구되는 것이다. 최근 시민
교육의 새로운 패러다임으로 등장한 세계시민교육은 이 새로운 시
민적 정체성을 '세계시민의식'이라고 개념화하고 '세계화로 인해 야기
되는 다양한 문제에 대처하기 위한 자질 및 세계화시대를 사는 청소
년이 지녀야 할 필수 역량으로서 세계시민의식에 대한 중요성'을 강
조한다. 충남교육청의 세계시민교육의 방향은 세계시민교육을 민주
시민교육은 물론 교육과정과 연계해야 한다. 세계시민교육에 대한
저변을 확대해야 한다. 기반을 조성하고 교사의 역량을 강화해야
한다.

(4) 농·산·어촌 인구 감소는 소규모 학교의 학령 인구 감소로 이어졌고
학교는 통폐합 위기에 몰리게 되었다. 소규모 학교 통폐합은 도·농
간 교육복지 불균형을 가져올 수 있으며 주민의 정주여건마저 위협
하고 있다. 충남교육청은 수년전부터 농·어촌 학교 통학여건 개선,
지역 특성 반영 교육과정 지원, 농어촌 방과후학교 운영비 지원, 공
동 통학구역 지정, 농·어촌 체험학습 지원 등 소규모 학교를 살리기
위한 다양한 정책을 펼치고 있다. 앞으로 충남의 미래교육을 위하여

인적 자원(보건 및 상담, 행정인력 등)의 확보, 지역과 상생하는 마을교육공동체 활성화, 특성화 교육프로그램 발굴 및 지원, 공동 통학구역 확대 등이 필요하다.

(5) 충남교육청은 참학력을 안착하기 위해 학교업무 최적화, 전문적 학습 공동체 지원, 참학력 이해 증진 사업, 혁신학교 지원과 학생성장 발달책임제, 기초학력 강화, 전담부서인 참학력지원센터를 운영하였다. 그럼에도 참학력의 안착을 저해하는 요인이 작용하였다. 구호에 그치거나 지원 정책이 미비하였고, 참학력을 실현할 교육과정·성취기준·교육활동의 부재, 참학력에 대한 이해와 소통 부족이 그것이다. 참학력 신장 방향은 미래 사회 속의 참학력의 상 구현을 2018년 이후의 교육 상황에 맞게 다시 재개념화해야 하고, 참학력 신장 방안의 구체화, 지방교육 분권화시대에 있어 충남형 교육과정을 마련해야 하고, 체계적이고 유기적인 지원 정책 마련을 위해 학교정책과·학교교육과·교육정책연구센터·교육연수원에서의 참학력 관련 업무를 칸막이 없이 수행하기 위한 일종의 조정탑이 필요하다.

(6) 충남의 교육불평등 현안은 도시 간 격차, 농·어촌 문화 소외 현상, 사교육비 조사로 알아본 계층 간 격차, 다문화와 탈북 학생에 대한 부족한 정책 상황 등이 있다. 충남교육청의 교육 불평등 해소에 대한 노력으로는 저학년 한글교육 및 유아교육 강화, 고교 평준화 등

의 출발선 평등 정책과 작은 학교 살리기와 행복지구를 통한 지역 간 격차 해소, 교육복지지원사업의 확대, 다문화 정책 등이 있다. 미래 교육을 위한 교육불평등 해소 방안으로 미래 세대와 함께하는 출발선 평등교육 기반 구축, 지역별 학습복지지원방안을 마련하여 학급 격차를 완화하고, 상생하는 미래를 위한 충남형 마을공동체를 운영하며, 문화 복지 지원 사업을 확대 실시하고 다문화와 탈북 학생에 대한 지원을 강화해야 한다.

(7) 미래사회에 인공지능과 사물인터넷, 자율주행차 등 기술의 첨단화로 인간생활의 대부분이 로봇과 기계로 대체되어 갈 때, 로봇과 기계로 대체할 수 없는 유일한 대상은 바로 자연환경이 될 것이다. 자연환경은 과거에도 그랬듯이 미래에도 로봇과 기계화로 인해 자칫 소외될 수 있는 인간의 삶의 터전이자 휴식의 공간이 될 것이고, 창조적 영감을 불어넣어주는 원천이 되며 인간들이 교감할 수 있는 생명력을 가진 대상이 될 것이다. 그러므로 자연환경을 기반으로 하는 환경교육은 지속가능한 삶과 생명력 있는 창의력의 원천이 되는, 미래사회를 건강하게 건설해 가는데 없어서는 안 될 필수적인 교육이라고 할 수 있다.

(8) 통합교육은 상시적인 수업을 통해 이루어지고, 수업의 방식은 활동 중심의 과제 해결이어야 한다. 현재의 여건으로서는 범교과 통합 수

업(또는 공동 수업)은 매우 어렵다. 시도한다 할지라도 방학 중에 이루어지는 융합 캠프나 연구 수업 식으로 흘러갈 가능성이 높다. 그렇다면 교과 간 수업의 틀은 현재와 같이 유지하되 수행평가나 수업 내용에서 프로젝트의 공유, 교과 간 연결 수업, 방과 후 공동 수업 등을 고려해볼 수 있을 것이다. 통합인문교육이 성공적으로 안착되기 위해서는 교사들의 공동 연구 및 교육 프로그램 개발 작업이 진행되어야 하고, 또 한편으로는 예술 중심의 인문학 강좌나 창작 과정, 철학 과정 등 교사 연수 프로그램 역시 마련되어야 한다.

(9) 4차 산업혁명으로 인한 산업 시스템 및 직업세계의 변화는 미래 인재를 키우는 우리의 교육 시스템에 커다란 변화를 요구하고 있다. 특히 진로교육은 급변하는 사회에 적응할 수 있는 핵심역량을 갖춘 창의적 인재 양성에 큰 역할을 할 수 있다. 이를 위하여 첫째, 충남형 자유학년제를 활용한 개인 맞춤형 진로교육을 지원해야 하며 둘째, 학교 교육과정 재정비를 통한 개인 진로맞춤형을 제공해야 하며 셋째, 미래지향적 진로개발역량이 핵심역량으로 포함되어야 하며 넷째, 진로역량을 수업을 통해 체득할 수 있는 학습방법의 개선이 필요하며 다섯째, 다양성을 고려한 진로교육이 설계되어야 하며 여섯째, 교사 진로전문성 강화 및 지원체제를 강화해야 하며 마지막으로 충남형 마을교육공동체 구축을 통해 진로교육 인프라를 확충해야 할 것이다.

4. 제언

미래사회는 우리가 원하는 방향이든, 원하지 않는 방향이든 우리에게 시나브로 다가오고 있다. 우리가 준비하든, 준비하지 않든 미래 교육도 점점 요구되고 있다. 결국 충남교육은 어떻게든지 변화할 것이다. 변화하는 세계, 대한민국, 충청남도에서 살아갈 우리의 학생들에게 어떤 것은 변화하면 안 되고, 어떤 것이 변화해야 하고, 변화하면 어떻게 변화해야 할지를 정하고 학습과 교육을 디자인해야 한다. 그것이 미래 교육의 방향이다.

본 연구는 충남교육정책 수립에 근거 자료 역할을 하면서 충남 미래 교육 설계의 토대를 마련하며, 아울러 미래교육체제의 의제를 설정하는 데 기여할 것이다. 이러한 연구를 바탕으로 이루어진 교육정책 실행은 도민이 원하는 방향과 부합하기에 공교육에 대한 신뢰성과 만족도를 제고할 것으로 기대한다.

세상의 모든 것에 접근하는 방법은 셀 수 없이 많겠지만, 그것들을 유형화하면 시간과 공간, 그리고 인간으로 정리할 수 있다(우문영. 2011). 미래 교육의 방향 역시 이 세 가지 범주를 벗어나기 쉽지 않다. 그래서 본 연구에서는 제언 역시 시간, 공간, 인간의 접근 방법으로 제시하고자 한다.

가. 시간

(1) 현재 교육에 대한 구체적인 성찰

제일 가까운 미래는 바로 현재다. 현재 충남교육청이 추구하는 교육정 책도 과거에 비해 매우 달라진 것들이다. 새로운 교육 패러다임의 안착이 우선 지속되어야 한다. 교육의 본질을 추구하며 공교육을 혁신하여 신뢰 성을 구축하는 일이 선행되어야 한다. 혁신학교, 참학력, 마을교육공동체, 전문적 학습공동체, 학생성장발달 등 충남교육의 주요 정책들을 일관성 있게 추진해 나가서 학교 현장에 안착하는 일이 곧 미래를 준비하는 첫걸 음이라 할 수 있다. 과거와 현재, 현재와 미래 사이의 간극을 좁힐 수 있 는 가장 큰 원동력은 현재 진행 중인 교육정책 사업에 대한 끊임없는 문 제의식 발견과 이를 해결하기 위한 교육공동체의 민주적인 노력이다.

교육 혁신 방향에 대한 근본적 성찰이 요구되는 지점이다. 대부분 교육 정책 사업이 학교 현장의 필요에 따라 이루어졌으나, 사업 진행 방식은 하 향식이 많았던 것도 사실이다. 교육 현장의 요구와 다른 시·도교육청과의 사업 진행을 맞추기 위하거나, 최근 교육의 동향을 따라가기 위해 불가피 한 점도 없지 않았다. 그러나 이러한 과정에서 정책의 방향과 속도에 대 한 합의가 충분했는지에 대한 반성도 있어야 한다. 그러기 위해서는 교육 정책 사업에 대한 체계적인 연구와 평가, 지속적인 환류과정이 이루어져 야 한다. 충남교육청 사업 집행 주체들의 자체 평가도 병행되면 그 효과는 더욱 커질 가능성이 크다.

사업을 위한 사업으로 전락되지는 않았는지, 현장과의 소통은 충분히 이루어졌는지, 연구와 점검은 진행되었는지, 무엇보다 충남교육의 비전인 학생중심에 부합하는지에 대한 확인이 필요하다는 것이다. 학교 현장은 이미 업무가 포화상태이다. 새로운 무엇을 교육정책 사업으로 더하기보다는 빼는 방향을 지향해야 한다. 현재 진행 중인 사업들의 안착을 저해하는 요인을 찾아 제거하는 데 주력해야 한다는 것이다.

교육에는 진보도 보수도 없다. 오직 아이들만 존재한다. 위 사업들은 충남교육감 선거와 관련 없이 지속적으로 추진해야 할 정책들이기에 이러한 정책들의 성공적 안착을 토대로 미래 교육을 구축해야 한다. 바로 공교육의 혁신의 선순환 구조를 만드는 것이 가까운 미래, 직전 미래 교육을 완성하는 것이라고 할 수 있다.

(2) 미래에 대한 관점 전환

미래에 대한 관점을 바꾸어야 한다. 이미 언급한 대로 미래는 현재, 다가올 미래, 원하는 미래의 세 가지 방향에서 접근해야 하는데 미래에 대한 장밋빛 환상 또는 공포를 버리는 것이 좋다. 미래에 대한 지나친 낙관과 비관, 긍정과 부정은 미래 교육정책을 수립하는 데 별 도움이 되지 않는다. 미래는 현재 진행형이다. 어떤 미래학자도 정확히 예측할 수 없으며, 심지어 조금 먼 미래는 그 누구도 예상할 수 없다. 우리는 다만 경향성만 예측하고 동의할 뿐이다.

　미래에 대한 관점 전환은 오늘에서 미래로만 보는 일방향적 접근에서 미래에서부터 오늘을 역으로도 보는 쌍방향적 관점을 취해야 한다. 물론 시간은 과거, 현재, 미래의 선형적 구조를 가지고 있지만 인간의 삶은 선형적 구조만 취하지 않는다. 이차원, 삼차원, 사차원적 구조를 갖는 것이 인간의 사고와 그에 따른 삶이다. 현재에서 진행되는 미래는 지속가능한 것도 있지만, 순간마다 사라지는 것들도 있다. 어떤 것은 지속되고 어떤 것은 사라질까? 그것은 특정한 눈에 의해서 편향적으로 받아들여질 수 있다. 오히려 미래 사회, 미래 교육을 설정하고 역설계로 현재를 바라보는 시선도 생각해 볼 수 있다. 오늘에서 미래로, 미래에서 오늘을 바라보는 양자적 시선을 결합해서 볼 때 미래가 조금은 명확히 보일 수 있다.

　이러한 두 시선을 포함한 여러 가지로 미래에 대한 접근 방법을 상정해 볼 수 있는데 여기서 간과하지 말아야 할 것이 바로 다양한 변인들이다. 주요 변인이나 독립 변인들조차 고정되어 있는 것이 아니라 주변 변인들과 연동하는 상관관계를 맺고 있다. 우리가 '미래 사회는 이것이다.'라고 규정하는 순간 미래는 또 다른 모습으로 우리에게 올 것이기 때문이다.

　고정이 가능한-실제로는 가능하지 않지만 상대적으로 고정의 가능성이 높은-요인들을 중심으로 미래에 대한 상을 그려야 한다. 충남의 미래 사회에서 교육, 학교, 학생, 교사의 상이 어떻게 바뀔지에 대한 그림이 필요하다는 것이다. 충남교육의 핵심역량을 성취한 학생들의 참학력은 어떻게 신장되는지, 다른 교육공동체의 핵심역량과 조직 역량이 함께 이룬 교육청의 모습은 어떠한지, 그 속에서 우리가 궁극적으로 추구하는 학생들의 모습은 어떨지에 대한 상을 우리는 가져야 한다.

충남의 미래 교육에 대한 큰 그림(Big picture)을 설계하는 기획탑 (Planning tower)이 있어야 한다. 변화하는 학습 생태계, 학습 플랫폼의 기능을 수행하는 학교의 모습을 그리며 학생을 중심에 놓고 유치원, 초등학교, 중학교, 고등학교와 그 이후까지를 고려하는 기구가 있어야 한다.

나. 공간

(1) 과학기술의 진화 공간에서의 의미 찾기

과학 기술의 엄청나게 빠른 진보는 교육에 지대한 영향을 미칠 것으로 예상된다. 미래 학교를 상상해 보면 우선 교실은 수업하는 곳에서 삶을 누리는 공간으로 의미가 전유될 것이다. 학습자들이 직접 무엇이든 만들어낼 수 있는 공간인 메이커 스페이스가 구축될 것이다. 각자 한 대씩 받은 태블릿 PC에 있는 디지털 교과서로 수업을 준비하는 학생들과 터치스크린 칠판을 통해 각종 자료를 제시하는 교사들의 모습도 보인다. 학생들은 인공지능을 통해 얻은 지식을 클라우드에 서로 공유하며 새로운 지식들을 생성해 나간다. 교사들은 빅데이터를 활용하여 학습자들의 학습과 생활에 대한 장단점을 파악하고 이를 되먹임(Feed back)해준다. 그뿐만 아니라 학교에 올 수 없거나 오고 싶지 않은 학생들은 MOOC나 O2O를 활용하여 학교를 학습 플랫폼으로 이용한다. 이러한 과학기술정보 사회에 능동적으로 대처하기 위해 학생과 교사 공히 코딩교육을 받으며, 교육과정에 미디어 문해력, 디지털 문해력 등이 중요하게 될 것이다.

인공지능, 사물인터넷, 자율주행차, 빅데이터를 중심으로 한 4차 산업혁명의 시대에서 과학과 기술은 위와 같이 교육과정, 수업, 평가, 기록의 모든 것에 영향을 줄 것이지만, 이들의 역할은 여기서 그쳐서는 안 된다. 보다 교육의 본질적인 문제 해결에 적극적으로 나서야 한다. 과학 기술 역량만이 아니라 다른 역량도 키울 수 있어야 한다. 과학 없이 살 수도 없지만 과학만으로 살 수 없는 사회이기 때문이다. 교사나 학생이 사용하는 스마트 기기는 단순히 교수 기술과 학습 기술의 향상이 아니라 교사와 학습자의 관계를 개선하고, 종국에 학습자의 학습 역량 신장에 기여할 수 있어야 한다. 로봇이나 인공지능이 교사의 업무를 대신하여 교사가 수업에 전념할 수 있도록 하고, 다양한 의사소통 기기의 발달은 학교를 더욱 민주적으로 변화시킬 수 있어야 한다. 온라인과 오프라인이 결합되는 학습 플랫폼의 확산은 굳이 학습자들이 도시에 몰릴 이유를 약화시켜 농어촌 학교로의 분산을 꾀할 수 있다. 더 근본적으로는 학습 약자가 가지는 교육적 불평등을 해소하는 데 기여해야 한다. 즉 미래사회가 와도 변하지 않고 유효한 것들을 과학과 기술이 도와야 한다는 것이다.

하지만 그 이면도 살펴야 한다. 첨단 과학 기술의 발달로 이루어진 개별화 수업은 인간 소외를 가져올 수 있다. 인문학을 도외시한 채 과학기술교육에만 매몰될 가능성도 배제하기 어렵다. 또한 고가의 장비 사용은 교육불평등을 더욱 심화시킬 수도 있다. 정보의 독점화로 학습 격차를 더욱 벌리고, 민주적 학교 문화를 파괴할 수도 있다. 온라인 수업, 디지털 뱃지의 오남용은 학교의 존립 근거를 흔들지도 모른다.

과학과 기술은 인간을 위한 도구이다. 과학과 기술은 교육을 위한 도구이지 목적이 아니다. 학습이 개인의 삶을 변화시키고 교육을 바꾸고 사회를 바꿀 수 있도록 과학기술은 거들 뿐이다. 사람이 먼저다.

(2) 마을교육과의 접촉면 넓히기

과학기술이 발전하는 속도 이상으로 사회는 더욱 물질적으로 변화해가고 있다. 미래 사회는 아마도 더 빠르게 물질화될 것이다. 그 속에서 인간은 정체성을 잃어가고 있으며 스스로를 소외시켜 종국에는 사피엔스가 없어지고 새로운 인류가 나타날 것이라는 예상을 하기도 한다. 미래 사회에서 인간에 대한 성찰과 공부가 더욱 필요한 이유다. 인간에 대한 공부를 혼자서는 할 수 없다. 학습은 개인의 성장과 발달에 맞게 해야 하지만 개인의 삶은 공동체 속에서 관계와 연대를 통해 이루어진다.

지금까지 학교는 폐쇄적 공간으로 인식되어 왔다. 특히 수업이라는 공간은 진공상태로 여겨졌다. 한정된 공간 속에서 동질로 이루어진 집단은 발전을 기대하기 힘들다. 더 이상 학교의 문제를 학교 안에서만 해결할 수 없다는 것이다. 즉 학교 밖 마을로 교육을 확대해야 한다. 심지어 과학기술을 학습하기 위해서도 마을의 도움은 반드시 필요하다. 날로 새로워지는 과학기술 기기를 모두 학교 안에 설치하여 운영할 수 없는 여건이다. 지역에 인프라를 구축하고, 이를 학교와 마을이 공유하는 방안을 모색해야 한다.

미래사회는 지역화가 될 것이다. 학생 자신이 살아온 공간이 곧 살아갈 공간이 된다는 의미이다. 부모와 형제, 친구와 선후배들이 살아왔던, 함께 살아나갈 터전이 마을이다. 지역의 역사와 문화, 생태와 환경, 경제와 정치 등을 배우고 익혀 다시 지역으로 되돌아와서 귀중한 일꾼이 되는 것이다. 이러면 학습자 진로 문제뿐만 아니라 농어촌 인구 문제도 자연스럽게 해결될 것이다.

이를 위해서는 마을학교를 운영하고, 학교와 마을학교와의 공동 교육과정이 필요한데, 마을학교보다는 단위 학교에서의 교육과정 재구성이 선행되어야 한다. 마을에 대한 전문성은 마을학교와 마을교사가 더 깊이가 있겠지만 학생에 대한 이해와 교수법, 교육과정에 관해서는 부족한 편이기 때문이다. 이들에 대한 연수도 요구된다. 교복을 입은 시민은 곧 지역의 민주시민이기도 하다. 미래 사회 교육정책의 귀결은 참학력 신장, 그 해결 방법의 종착은 마을교육에 있다고 할 수 있다.

다. 인간

(1) 핵심역량에 기초한 학생 중심 교육정책

충남의 미래 교육은 결국 학생의 변화에 주목해야 한다는 것으로 압축된다. 집단 전체의 변화도 중요하지만, 학생 개개인의 배움에 중심을 두는 방향으로 변화의 상을 그려야 한다. 교복을 입은 민주시민인 학생이 미래를 살아가기 위해 교육과정을 비롯하여 수업과 평가와 기록도 맞춰야 한다는 것이다.

국가 수준의 교육과정은 충남형 교육과정으로 재구성되고, 이는 곧 학교의 교육과정으로 재구성되고, 학년의 교육과정으로, 학급의 교육과정으로 종국에는 학생의 성장과 발달에 맞는 교육과정으로 완전 재구성되어야 한다. 이렇게 학생에 맞는 개별화 교육과정은 개별화 수업으로 이어져야 한다. 학생의 능력과 흥미, 성취 수준에 맞게 교사와 학생이 협력하여 수업을 진행하고 평가 역시 학생 자기 평가와 동료 평가, 교사 평가가 균형 있게 이루어져야 한다. 즉 1:1의 맞춤형 교육이 요구된다.

개별화, 맞춤형 수업으로 학습 부진이 발생할 가능성을 미리 차단해야 하지만, 학생들의 여러 변인에 의해 학습에 상처를 입거나 학년 군 수준에 도달하지 못하는 경우가 생길 수밖에 없다. 이를 보정하여 학년 군 평균 수준으로 향상시키기 위해서도 학습 부진 학생에 대한 1:1 교육과 학교의 조기 개입은 반드시 필요하다. 기초학력을 기반으로 하여 핵심역량을 성취할 수 있도록 해야 한다.

핵심역량을 바탕으로 하여 살아가는 길을 찾고 살아가는 데 필요한 힘을 기르는 새로운 학력관은 시대의 변화에 맞게 재개념화가 되어야 한다. 세 가지를 중점적으로 바라보아야 하는데 학습하는 방법을 학습하는 것(Leran to learn), 학습에 대한 즐거움을 통한 몰입(Flow), 그리고 기초학력에 대한 문식력(Literacy)이 그것들이다. 참학력은 그 원리 속성상 개념과 내용이 계속 만들어지며, 최근 경향을 정리하면 네 가지 사고와 네 가지 행동이 있다. 사고로는 유연한 사고(Flexible thinking), 관계적 사고(Relative thinking), 통합적 사고(Integrative thinking), 비판적 사고(Critical thinking)가 있다. 행동은 나눔(Sharing), 공유(Cooperation), 적용(Application), 실천(Practice)이 있다.[80]

진로와 진학의 문제에 있어서 지금까지 혹시 학생 개인의 꿈을 강요하지는 않았는지를 살펴볼 필요가 있다. 학생 자신의 진로를 조급하게 청소년기에 설정하고 이를 위해 경주해야 한다고 가르치지는 않았나, 꿈이 없으면 마치 큰 문제가 있는 것이 아닌가 하고 조바심을 내게 하지는 않았나 하는 반

---

80) 본 연구보고서의 자문을 맡은 부산교육대학교 심성보 교수는 위의 사고와 행동보다도 캐나다 온타리오 주에서 채택한 6C를 제안하고 있다. 6C의 내용을 정리하면 다음과 같다. ①인성(Character; 책임감과 신뢰): 의지, 끈기, 인내, 회복탄력성 등 핵심적 특성을 구비하고 심층학습법을 배우는 것, 학습과 삶의 통합적 접근 능력. ②시민의식(Citizenship; 차이의 인정과 공동선에 대한 기여): 세계시민답게 사고하기, 다양한 가치관과 세계관에 대한 깊은 이해를 바탕으로 글로벌 이슈에 관심을 가짐, 모호하고 복잡한 실생활 문제를 해결할 진정한 관심과 능력의 구비를 통해 인간과 환경의 지속가능성을 높임. ③협력(Collaboration; 팀워크): 상호 도움을 주고받으며 일하는 능력, 대인관계기술과 협업능력을 통해 시너지 내기, 팀 내의 역할관계와 도전적 과제를 효과적으로 관리하기, 실질적으로 의사결정 함께 하기, 타인으로부터 배우고 타인의 학습에 기여하기. ④의사소통(Communication; 명확한 메시 전달): 다양한 상대에게 맞는 여러 스타일, 방식, 디지털 등의 수단으로 효과적인 소통하기. ⑤창의력(Creativity; 모험가적인 해결책): 사회경제적 기회에 대한 기업가적 시선 갖추기, 새로운 아이디어 창출을 위한 올바른 질문 던지기, 리더십 발휘를 통해 아이디어를 행동으로 옮기기. ⑥비판적 사고(Critical thinking; 정보 찾기와 평가): 정보와 주장을 비판적으로 평가하기, 그 속의 패턴과 연결점 보기, 의미있는 지식 구성과 실제 사회에 적용하기.

성이 진로교육에서 중핵이 되어야 한다. 특히 앞으로 더욱 인간의 기대 수명이 늘어나는 추세에서 평생교육적인 차원에서 진로와 직업교육을 고민해야 한다. 도움과 지원을 어떻게 할 것인가에 대한 고민이 요구된다.

학습자가 자신의 학습 계획을 설계하고 핵심역량을 설정하여 교육과정을 재구성하고, 교사와의 협력으로 수업을 진행하고 스스로 평가하여 참학력을 신장하는 것이 미래 교육에서의 학습자의 모습이다.

(2) 교사를 미래 교육의 주체로

교육의 변화를 말할 때 늘 교사의 변화를 우선시한다. 교사가 변화의 주체라고는 하지만 교사는 주체가 아닌 변화의 대상일 경우가 많다. 왜 교사는 변화의 주체가 되지 못하고 늘 대상만 되는가? 교사에게도 원인이 있지만, 교사를 대상화하는 교육청의 태도에서도 원인을 찾을 수 있다. 교사를 교육 변화의 주체로 세우기보다는 선두에서 서 있는 교육청의 조력자로서의 역할을 맡긴 경향이 짙다.

미래 사회에서 교사는 스마트 기기에 쫓겨날 처지에 놓여 있다. 교사는 미래 교육에서 필요 없는가? 학습자가 자기주도적 학습능력을 갖기 위해서도 교사의 존재는 필수적이다. 미국에서 유명 대학의 인기 있는 교수의 강의를 온라인으로 수강하는 학생들이 많았지만, 그 효과는 미미했다는 결과가 이를 방증한다. 여전히 교사와 학생의 면대면(Face to face) 학습이 더 유효하다는 것이다.

교사가 미래 교육의 주체로 서기 위해서는 우선 교사에 대한 신뢰와 존경이 필요하다. 우수한 인재들이 교원 양성 기관에 입학하여 힘든 임용고사를 거친 엘리트들인데도 학교 안팎에서 이들의 수업과 평가를 믿지 못한다. 교육과정, 수업, 평가에 대한 자율권을 교사에게 되돌려 주자. 다음으로는 비판적 사고와 감수성 등과 같은 미래 교육에서의 교원의 핵심역량을 설정하고 강화하는 방안을 모색해야 한다. 이제까지의 당근과 채찍이라는 보상과 처벌의 외적 강화보다는 교사의 사명과 보람에 근거한 자발적이며 내적인 동기 유발에 관심을 가져야 한다.

교사에 대한 신뢰는 교사 스스로가 되찾는 노력을 해야 한다. 그러기 위해서는 부단한 연수가 반드시 필요하다. 참학력에 대한 이해, 교육과정 리터러시, 새로운 교수·학습 방법, 코딩교육, 마을교사와의 협력, 교원 핵심역량 등에 대한 연수의 개설과 적극적 참여가 요청된다.

(3) 교육의 본질을 추구하는 교육청

교육의 본질을 추구하며 학생 중심의 충남교육을 만들어가기 위해서는 교육청의 역할이 변화해야 한다. 이제까지의 하향식 방식(Top-down)에서 상향식 방식(Bottom-up)으로의 전환이 요구되는 시점이다. 즉, 선두자 혹은 리더에서 지원자 역할의 성실한 수행을 요구받고 있다. 진정으로 교사가 주체가 되기 위해 교육청이 어떤 지원을 할 것인가를 고민하는 계기를 마련해야 한다. 교육청의 역할 변화를 비롯하여 새로운 교육 혁신의 시대에 충남교육이 무엇이 변했고 변하지 않았는가, 변한 이유와 변하지 않은 이유에 대한 면밀한 분석이 있어야 한다. 학교 현장과 교육청의 원활한 소통 속에서 집단 지성의 힘을 발휘해야 한다.

2016년에 충남교육청은 학생들이 미래 사회에서 살아갈 핵심역량을 설정하여 제시하였다. 학생 역량뿐 아니라 교사 역량, 교육전문직원 역량, 일반공무원 역량 나아가 충남교육청 조직 역량을 설정하고 이를 실천하는 과정이 있어야 한다. 그렇게 했을 때 우리가 추구하는 학교 혁신과 문화 혁신을 넘어 충남교육 혁신을 이룰 수 있다.

다가올 미래만이 아닌 우리가 원하는 미래를 마련하기 위해서는 우리 교육공동체가 진정으로 무엇을 원하는지에 대한 적극적인 의견을 수렴하고 합의하는 과정도 필요하다. 원하는 미래는 고정되어 있는 것이 아니기에 일회적인 행사가 아니라 지속적으로 이루어져야 할 것이다.

지방 교육 자치와 분권의 시대에 맞는 교육청의 역할은 선도적이어야 한다. 교육부로부터, 중앙정부로부터 효과적으로 권한 이양을 하기 위한 철저한 대비가 있어야 한다. 특히 충남형 교육과정의 구축은 교육청이 존립해야 할 이유와 맞물려 있는 매우 주요한 과업이다. 민주시민 육성이라는 충남교육의 목표를 위해서 교육청이 먼저 민주적 절차에 따른 학교로의 권한 이양과 학교 자치에 모범을 보여야 한다. 또한 현재와 미래 교육 정책 공히 학생 중심의 참학력 신장을 위해 충남교육청의 정책력을 집중해야 한다. 즉, 모든 미래 교육의 방향은 참학력 신장이라는 목표로 귀결되어야 한다.

참고문헌

• 구본권(2015). 로봇시대의 인간의 일. 어크로스.

• 김규원(2017). 교육문제와 교육정책. 경북대학교 출판부.

• 김대식(2016). 인간 vs 기계: 인공지능이란 무엇인가. 동아시아.

• 류영철 외(2017). 교육복지법 제정을 위한 기초 연구. 전국교육정책연구소네트워크.

• 마틴 포드(2016). 로봇의 부상. 세종서적.

• 박영숙(2016). 유엔미래보고서 2050. 교보문고.

• 박영숙(2017). 유엔미래보고서 2055. 비즈니스북스.

• 백악관 대통령실(2016a). 인공지능 자동화 그리고 경제.

백악관 대통령실(2016b). 인공지능의 미래를 위한 준비.

• 서울교육청(2016). 서울학생의 미래역량을 말하다. 서울미래교육준비협의체.

• 오즐렘 센소이 외(2016). 정말로 누구나 평등할까. 착한책가게.

• 우문영(2011). 비평교육론. 한국문화사.

• 우문영·윤양수(2016). 참학력의 개념과 신장방안. 충남교육정책연구센터.

• 윤양수 외(2016). 충남교육의 핵심역량 체계개발 연구. 충남교육정책연구센터.

• 에릭 브린욜프슨 외(2014). 제2 기계시대. 청림출판

• 전북교육정책연구소(2013). 전북교육 중장기 발전방안연구.

• 제러미 리프킨(2021). 3차 산업혁명. 민음사.

- 진보교육연구소(2017). 지능정보사회에 대응한 중장기 교육정책의 방향과 전략에 관한 간략 비판.
- 충청남도교육청(2016). 2016 주요업무계획.
- 충청남도교육청(2017). 2017 주요업무계획.
- 충청남도교육청(2018). 2018 주요업무계획.

2022년 교육감 선거에 나오는 분들에게 바람

위기의 시대입니다. 어려운 교육감의 자리에 나서는 것만으로도 교육에 대한 열정을 느낄 수 있습니다. 그 자체로 존중받아야 한다고 생각합니다. 서로를 비방하는 것이 아니라 서로의 힘을 합쳐 원팀의 정신으로 교육을 발전시켜야 합니다. 선거 과정이 교육적이어야 합니다. 이것이 교육감 선거와 여타 선거와 다른 점이라 할 수 있습니다. 교육에 소중한 분들에게 시민의 한 사람으로서 갖는 바람을 적어봅니다.

1. 교육에는 진보도 보수도 없다.

교육에도 철학은 있어야 합니다. 그렇다고 개인의 이념적 가치를 교육행정에 적용하는 것은 매우 위험한 결과를 초래할 수 있습니다. 교육과 학습에는 보수와 진보가 들어설 공간이 없습니다. 학습자를 위한 정책과 철학만이 존재합니다.

2. 교육감도 민주시민

교육권력은 시민으로부터 위임받은 아주 작지만 소중한 것이기에 적절한 균형을 이루어 사용해야 합니다. 그것도 오직 시민을 위해서만. 그 이전에 민주시민 육성을 목표로 하는 교육에 있어 교육감도 시민의 한 사람이라는 사실을 잊지 말아야 합니다.

3. 아이들이 지켜보고 있다.

어느 교실 급훈이 "담임이 지켜보고 있다."라는 문구가 있었습니다. 누군가 우리를 보고 있다는 것은 스스로를 경계하게 합니다. 그보다 자신에 대한 성찰이 더 우선되어야 하겠지요. 사랑하는 우리 아이들이 처음부터 끝까지 이번 선거를 보고 있습니다.

4. 선거=축제

대개 학교나 학급에서 학생 임원을 선출합니다. 또 많은 경우에 이긴 자와 진 자를 구별하지 못할 정도로 환하게 웃으며 학급과 학교를 위해 일할 친구들을 격려하고 위로합니다. 선거는 우리의 미래를 함께하자고 하는 약속을 위한 축제의 장입니다.

5. 정치권의 개입을 단호히 배제

교육감 선거가 지금까지 발전되어 오기까지 지난한 역사가 있었습니다. 국가권력으로부터, 일반행정으로부터, 더구나 정치권으로부터의 자치. 교육감은 선출직이기에 정치적일 수밖에 없습니다. 다만 정치권력이나 정당에 휘둘려서는 안 됩니다.

6. 기득권 해체! 탈중심 지향!

기득권을 가진 이들이 더 많은 이익과 권력을 얻기 위해 온갖 못된 일을 범하고 있습니다. 그 바탕에는 자기중심이나 특정한 세력 중심적 사고가 있습니다. 교육이 사회 발전을 견인하기 위해서는 기득권을 줄이고, 탈중심으로 나아가야 합니다.

7. 교육과 학교의 본질에 철저히 부합한 공약

선거에 나오시는 모든 분의 교육철학과 공약이 훌륭할 것입니다. 한번쯤 되돌아보시고 질문을 가져 주십시오. 후보님들의 공약이 정말 교육과 학교의 본질인 학습자를 위한 것인지를, 실현되었을 때 아이들의 얼굴이 어떠할지를 상상해 주세요.

8. 2022년, 하지만 2030년까지를 내다보는 정책

미래를 보는 관점은 학자마다 다르지만 2035년을 티핑포인트로 보는 견해가 우세합니다. 2030년에는 교육과정이 개정될 것으로 예상됩니다. 격변기의 2022년으로부터의 4년이 아닌 아이들의 현재와 미래를 아우르는 정책이 되었으면 합니다.

9. 교육공동체에 대한 믿음

교육의 위기는 밖이 아닌 안에서 왔을 가능성이 높습니다. 가장 큰 이유는 서로에 대한 불신이 아니었나 싶습니다. 믿음이 필요합니다. 무조건적인 믿음이 아닙니다. 자기 자신만큼 다른 이들의 진정성도 믿어 보는 노력에서 출발하자는 것입니다.

10. 혁신은 교육감 먼저

오늘 혁신은 멈추면 과거로 되돌아가는 셈이 됩니다. 혁신은 자기 자신부터 시작하여 우리 모두가 함께할 때 성공할 수 있습니다. 그 출발점은 당연히 교육감이 되어야 할 것입니다. 남 탓을 하는 사람에게 미래는 없습니다.